W0089022

Inhaltsverzeichnis

Zuckerfrei Kochen für die Familie

95 Rezeptideen für eine gesunde Familienküche

Autorin – Nele Himmthal

Vorwort

Ich freue mich sehr, dass Sie dieses Buch in den Händen halten oder als eBook lesen, denn es zeigt, dass Sie in Bezug auf das Thema Zucker etwas in Ihrem Leben und im Leben Ihrer Familie verändern wollen.

Ich bin selbst Mutter von zwei Kindern und weiß daher um die Herausforderungen, die es im Zusammenhang mit den Themen Zucker und Süßigkeiten innerhalb einer Familie und im gesellschaftlichen Leben allgemein gibt. Mit diesem Buch möchte ich andere Familien dabei unterstützen, in ein Leben mit weniger Zucker hineinzuwachsen.

Die Rezepte in diesem Buch umfassen sowohl Grundrezepte, wie z.B. verschiedene selbstgemachte Brühen, die Sie als Basis für andere leckere Gerichte verwenden können, als auch einzelne, aufwendigere Gerichte, die sich z.B. für ein leckeres Essen an einem Sonntag oder besonderen Tag eignen.

Nutzen Sie die Vielfalt der Rezepte, um mit oder für Ihre Familie selbstständig und frisch zu Kochen, denn nur wer selbst und frisch kocht, weiß, was darin enthalten ist.

Viel Spaß und Erfolg bei der Umsetzung wünscht Ihnen,
Ihre Nele Himmthal

Anmerkung: In diesem Buch wurde bewusst darauf verzichtet, Fotos und Abbildungen der einzelnen Gerichte abzudrucken, um die Co2-Bilanz und die Kosten dieses Buches möglichst gering zu halten. Ich bitte Sie um Ihr Verständnis.

Einleitung

In den letzten Jahren wuchs zunehmend das Interesse an den Themen ‚Zucker' bzw. ‚Zuckerfrei'. Zum Glück setzt sich dieser Trend fort, denn es ist nicht mehr abzustreiten, dass Zucker viele Krankheiten begünstigt.

Die Weltgesundheitsorganisation (WHO) empfiehlt einen maximalen Verzehr von ca. 10 Teelöffeln freiem Zucker (ca. 50 g) pro Tag für einen durchschnittlichen Erwachsenen. Besser noch sei eine Reduzierung auf max. 5 Teelöffel pro Tag (ca. 25 g).
Unter ‚freiem Zucker' versteht die WHO dabei alle Zuckerarten, die Speisen und Getränken beigemischt werden, aber auch den Zucker in Honig oder Fruchtsäften.

Die Anzahl der täglich bewusst zu sich genommenen Teelöffel Zucker mag noch relativ leicht zu zählen sein, wenn man dabei vielleicht an den Teelöffel Zucker im Kaffee denkt. Man könnte schnell der Täuschung erliegen, dass der persönliche Zuckerkonsum gar nicht so hoch ist und das Thema für einen selbst daher nicht weiter relevant sei. Doch leider steckt der meiste Zucker, den wir täglich zu uns nehmen, bereits versteckt in den Lebensmitteln, die wir essen. Er ist dort, wo wir ihn nicht sehen und wo wir ihn vor allem auch nicht erwarten.

Mein persönlicher Umgang mit dem Thema Zucker hat sich in den letzten Jahren durch die Geburt meiner Kinder stark verändert. Früher betrafen die Entscheidungen über meinen Zuckerkonsum nur mich allein. Auch damals habe ich nicht viel Zucker gegessen und habe abends lieber nach kleinen Tomaten und Gürkchen gegriffen statt nach Süßigkeiten. Und wenn ich doch mal zu etwas Süßem griff, dann beeinflusste das nur meinen eigenen Körper.

Heute als Mutter wirken sich meine Entscheidungen über den Konsum von Zucker nicht mehr nur auf meinen Körper aus, sondern in besonderem Maße auch auf das Leben und die Gesundheit meiner Kinder. Ich bin jetzt Vorbild für meine Kleinen, denn so wie ich ihnen den Umgang mit Zucker vorlebe, so werden sie in ihrem Leben dadurch stark geprägt. Und ich trage eine hohe Verantwortung für ihre Gesundheit: Meine Entscheidungen über unseren Zuckerkonsum wirken sich darauf in besonderem Maße aus.

Zuckerfrei: Jeder definiert es anders

In meiner Wahrnehmung gingen Familien schon immer sehr unterschiedlich mit dem Thema Zucker und der Auffassung von gesunder Ernährung um. Zuckerfrei bedeutet beispielsweise bei der einen Familie auf Kristallzucker und Süßigkeiten zu verzichten. Trockenfrüchte und Honig sind aber erlaubt. Bei anderen Familien sieht zuckerfrei ganz anders aus: Sie verzichten möglichst komplett auf Zucker.

Der Umgang mit dem Thema Zucker wird immer eine sehr persönliche Entscheidung bleiben! Niemand kann gezwungen werden, auf Zucker zu verzichten, auch wenn die gesundheitlichen Folgen des Zuckerkonsums mittlerweile nicht mehr zu übersehen sind. Immer mehr übergewichtige Erwachsene und bedauerlicherweise auch immer mehr übergewichtige Kinder zeigen eindeutig die Auswirkungen dieser Ernährung.

EIGENVERANTWORTUNG muss bei diesem Thema großgeschrieben werden. Wir Konsumenten sollten in unserem eigenen Interesse, und vor allem im Interesse unserer Kinder, selbst die Verantwortung übernehmen. Wir sollten nicht warten, bis die Politik den Herstellern von Lebensmitteln schärfere Auflagen zur Kennzeichnung von Lebensmitteln mit Zucker vorgeben. Nein: Wir selbst können schon JETZT handeln.

Die Auswirkungen, die der konsumierte Zucker auf unseren Körper (und die kleinen Kinderkörper) hat, sind so groß, dass wir es uns selbst wert sein sollten, genauer hinzusehen. Wir müssen uns über die (versteckten) Zucker in unseren Lebensmitteln genau informieren, um dann bewusst ‚JA' oder ‚NEIN' zum Zucker sagen zu können – zum Wohle von uns selbst und unserer ganzen Familie.

Die Bedeutung des Zuckers wächst mit jedem Lebensjahr

Im ersten Lebensjahr spielte Zucker noch keine Rolle in der Ernährung meines Kindes. Ich stillte lange und kochte danach den Brei frisch. Doch mit jedem Lebensjahr erhielt das Thema Zucker durch Kindergeburtstage und andere Familienfeiern mehr und mehr Einzug und Bedeutung in unserem Alltag.

Doch wie geht man mit den eigenen Kindern und Süßigkeiten um?! Gedanklich reiste ich deshalb zurück in meine Kindheit und erinnerte mich daran, wie meine Eltern damals in meiner Kindheit mit dem Thema "Süßigkeiten" umgegangen waren.

Bei uns zu Hause gab es damals einen Süßigkeiten Schrank im Wohnzimmer. Er enthielt Schokolade, Bonbons oder andere Süßigkeiten. Doch obwohl meine Eltern diesen Schrank nicht abschließen konnten und meine ältere Schwester und ich stets Zugriff auf die süßen Sachen hatten, sind wir nicht zu Süßigkeiten Liebhabern geworden. Natürlich wurde hin und wieder mal genascht, aber wir haben es nie übertrieben.

Bei Freunden von mir sah das ganz anders aus: Sie kauften sich auf dem Weg zum Schulbus die Süßigkeiten am Kiosk, stürzten sich bei Kindergeburtstagen und Feiern teilweise auf die angebotenen Naschereien als seien sie kurz vor dem Verhungern und verputzen sofort ganze Packungen innerhalb kürzester Zeit und taten sich schwer ihre Käufe einzuteilen. Wie sich später in Gesprächen herausstellte, wurden bei ihnen zuhause die Süßigkeiten von den Eltern weggeschlossen, damit die Kinder nicht selbst an die Naschereien herankamen.

Beide Beispiele zeigen, dass der Umgang mit Süßigkeiten sehr unterschiedlich sein kann. In beiden Fällen hätte es natürlich auch anders laufen können. Ein freier Zugang zu Süßigkeiten bedeutet nicht immer, dass später wenig Interesse an Süßigkeiten besteht.

Die Frage, die ich mir als Mutter nun aber stelle, ist, wie ich bei meinen eigenen Kindern mit diesem Thema umgehe. Da ich um die negativen Auswirkungen auf den Körper weiß, will ich meine Kinder davor beschützen. Am liebsten wäre es mir natürlich, wenn es diese Süßigkeiten gar nicht gäbe. Mir ist aber klar, dass dies ein sehr realitätsfremder Wunsch ist, ich also eine andere Lösung finden muss, damit umzugehen.

In meiner Wahrnehmung ist es heutzutage nicht möglich, Kinder fernab von Süßigkeiten aufwachsen zu lassen. Ich sehe es daher als meine Aufgabe, meine Kinder auf das Leben in der Gesellschaft vorzubereiten, indem ich sie mit einem Bewusstsein für das Thema Zucker und die Auswirkungen auf die eigene Gesundheit ausstatte, das ihnen hilft, zu Menschen mit eigener Entscheidungskraft in Bezug auf ihren Zuckerkonsum heranzuwachsen. Ein Verbot von Süßigkeiten erscheint mir der falsche Weg, denn Verbote machen in kleinen Kinderaugen die Dinge ja noch viel interessanter!

Bewusstsein schaffen in der Familie

Wie zu Beginn bereits geschrieben, ist der Umgang mit dem Thema Zucker eine sehr persönliche Angelegenheit und von Familie zu Familie sehr verschieden. Wir Eltern müssen uns bewusst machen, dass wir eine Vorbildrolle für unsere Kinder haben: Unsere Verhaltensweisen übertragen sich in hohem Maße auf unsere Kinder! Auch in Bezug auf die Ernährung und den Umgang mit Süßigkeiten.

Wichtig ist hierbei, dass wir Eltern uns dessen bewusst werden. Es funktioniert nicht, den Kindern tagsüber die Süßigkeiten zu verbieten und selbst am Abend eine Tüte Gummibärchen zu verputzen. Das eigene Verhalten von uns Eltern sollte stimmig sein mit den Regeln, die wir für unsere Kinder beim Thema Süßigkeiten aufstellen. Erst wenn uns Eltern unser eigener Umgang mit Süßigkeiten bewusst ist, können wir diesen verändern. Dabei ist es entscheidend, nichts übers Bein zu brechen, sondern Veränderungen Schritt für Schritt herbeizuführen. In einer Familie ist es enorm wichtig, alle bei diesem Thema mitzunehmen, denn sonst ergeben sich unnötige Spannungen, die neue Auseinandersetzungen hervorrufen.

Wir Eltern sind die Vorbilder im Umgang mit Süßigkeiten und Zucker. Wollen wir Veränderungen bei unseren Kindern erzielen, dann sollten wir bei uns selbst damit beginnen.

Das Projekt Zuckerfrei sollte in einer Familie zu einem gemeinsamen Projekt werden. Wird es nicht von allen

Familienmitgliedern gemeinsam getragen, wird es schwierig bis unmöglich, es erfolgreich umzusetzen.

Damit das Thema Zuckerfrei also als Familienprojekt gemeinsam umgesetzt werden kann, muss innerhalb der Familie – und vor allem auch gemeinsam mit den Kindern – offen über das Thema Zucker gesprochen werden. Was sind zum Beispiel LEBENSmittel und was nicht? Warum sind Süßigkeiten keine Lebensmittel und worin unterscheiden sich richtige Lebensmittel von Süßigkeiten?!

Das gemeinsame Kochen mit frischen Zutaten eignet sich hervorragend, um den Kindern auf spielerische Art den Umgang mit Lebensmitteln beizubringen und den Familienzusammenhalt zu stärken. Indem Kinder lernen, was es heißt, selbst zu Kochen, statt Fertiggerichte aufzuwärmen, bekommen sie ein Gespür für gute und gesunde Nahrungsmittel.

Als Eltern sollten wir auch ein Bewusstsein dafür entwickeln, dass Heißhunger auf Süßes sehr unterschiedliche Ursachen haben kann. Viele Frauen erleben einen solchen Heißhunger oft in den Tagen vor oder während ihrer Periode, obwohl sie sonst eher selten zu Süßigkeiten greifen. Und auch bei Kindern gibt es Phasen, in denen sie vermehrt Hunger auf Süßes haben: Gerade Kinder im Wachstumsschub haben oft ein besonderes starkes Verlangen nach Süßigkeiten.

Auch die Auswirkungen von Süßigkeiten auf unser Verhalten sollten wir beim Thema Zuckerkonsum beachten. An unseren kleinen Lieblingsmenschen lässt sich diese

Wirkung bei genauer Beobachtung oft relativ leicht ablesen. Zuckerkonsum führt bei ihnen oft dazu, dass sie aufgedreht sind und viel rumhopsen, oder dass sie vermehrt weinerlich oder bockig sind. Bei solchen Verhaltensweisen sollten wir Eltern daher reflektieren, welche Lebensmittel oder Süßigkeiten das Kind an diesem oder den vorangegangenen Tagen konsumiert hat. Die Ursache für das Verhalten könnte genau darin liegen.

Einstieg und Umsetzung

Der Einstieg in ein Familienleben mit weniger Zucker sollte möglichst behutsam vorgenommen werden. Es ist wenig Erfolg versprechend, von heute auf morgen alles radikal zu ändern.

Als erste Schritte in ein Leben mit weniger Zucker eignen sich zum Beispiel folgende Ideen:

- Fertigprodukte im Supermarkt stehen lassen und stattdessen häufiger selbst kochen.
- Gemeinsam mit den Kindern frische Zutaten verarbeiten.
- Kristallzucker täglich reduzieren, bis man ihn z.B. gar nicht mehr im Kaffee braucht.
- Die Rezepte, die Zucker enthalten, abändern: maximal die Hälfte des angegeben Zuckers verwenden.
- Den Süßigkeiten Konsum reduzieren, indem man weniger kauft und nicht immer etwas als Vorrat hat.
- Lernen, sich Süßigkeiten einzuteilen und nicht ganze Packungen auf einmal zu essen
- Auf Süßigkeiten-Rituale verzichten wie z.B. jeden Sonntag Nachtisch oder bei jedem Schwimmbadbesuch ein Eis
- Süßigkeiten nicht als Belohnung einsetzen z.B. Zimmer aufräumen, Arztbesuch...
- Leckere Knabbereien zusammen mit den Kindern als Ersatz für Süßigkeiten selbst machen. Dazu eignen sich Energie Pralinen, Gemüsesticks, Mandeln und Nüsse (erst bei älteren Kindern)

Bei allem ist zu berücksichtigen, dass die Ernährung in der Familie weiterhin Spaß machen soll. Jede Familie muss ihren eigenen Weg im Umgang mit dem Thema Zucker finden und sich vor allem nicht von außen verrückt machen lassen. Auch beim Thema Zucker gilt: die Dosis macht's.

Es ist besser Schritt für Schritt im eigenen Tempo die Dinge umsetzen und so die ganze Familie auf dem Weg in ein zuckerfreieres Leben mitzunehmen.

GRUNDREZEPTE

Hühnerbrühe

Dauer: 2 Stunden 30 Minuten
Portionen: ca. 2 Liter

Die Zutaten:

- 1 Suppenhuhn (am besten in Bio-Qualität)
- 1 Bund Suppengrün (Lauch, Möhre, Knollensellerie)
- 1 Zwiebel, geachtelt
- 1 Knoblauchzehe, geviertelt
- 6 Zweige Petersilie
- 1 Zweig Thymian
- 2 Lorbeerblatt
- 1 Gewürznelke
- 6 Pfefferkörner
- Mehrere Prisen Salz

Die Zubereitung:

1. Das Suppenhuhn von innen und außen kalt abwaschen und in einen großen Topf legen.
2. Den Lauch putzen, waschen und in sehr feine Ringe schneiden.
3. Die Möhren schälen, waschen und in feine Scheiben schneiden.
4. Den Sellerie waschen, abtropfen lassen und fein würfeln.
5. Die Zwiebel schälen und achteln.
6. Die Knoblauchzehe schälen und vierteln.
7. Die Petersilie waschen und die Blättchen abzupfen.

8. Thymian waschen, abtropfen lassen und Blättchen abzupfen.
9. Das Gemüse zusammen mit den Gewürzen und dem Salz zu dem Suppenhuhn in den Topf geben und rundherum verteilen.
10. Kaltes Wasser hinzugeben, bis alles bedeckt ist und dann zum Kochen bringen. Mit leicht geöffnetem Deckel 2 Stunden bei mittlerer Hitze leicht köcheln lassen.
11. Im Anschluss das Huhn herausnehmen und auf einen Teller legen.
12. Die Brühe abseihen, abkühlen lassen und in den Kühlschrank stellen.
13. Die Brühe entweder zügig verzehren oder portionsweise einfrieren. Sie hält sich dann für ca. 6 Monate.
14. Das gekochte Huhn kann als Beilage für eine Hühnersuppe verwendet werden oder für ein anderes Gericht, z.B. für Reis mit Hühnchen.

Gemüsebrühe

Dauer: 50 Minuten
Portionen: ca. 2 Liter

Die Zutaten:

- 110 g Zwiebeln
- 110 g Lauch
- 2 EL Sonnenblumenöl
- 110 g Möhren
- 4 Selleriestangen
- 90 g Fenchel
- 90 g Tomaten
- 2,25 Liter Wasser
- 1 Bouquet Garni (Das sind verschiedene Kräuter, die in ein Baumwollsäckchen gefüllt oder zusammengebunden werden. Meistens werden Thymian, Petersilie und ein Lorbeerblatt verwendet.)

Die Zubereitung:

1. Die Zwiebeln schälen und in feine Würfel schneiden.
2. Den Lauch putzen, waschen und in sehr feine Ringe schneiden.
3. Das Sonnenblumenöl in einen Topf geben und die Zwiebelwürfel und die Lauchringe bei geringer Hitze ca. 5 Minuten darin andünsten.
4. Die Möhren schälen, waschen und in feine Scheiben schneiden.
5. Die Selleriestangen waschen, putzen, entfädeln und in feine Scheiben schneiden.

6. Den Fenchel putzen, waschen und in feine Scheiben schneiden.

7. Die Tomaten waschen, den Strunk entfernen, halbieren, entkernen und in Würfel schneiden.

8. Das geschnittene Gemüse in den Topf geben und ca. 10 Minuten bei leichter Hitze mit andünsten.

9. Danach das Wasser und das Bouquet Garni hinzugeben, kurz aufkochen lassen und dann bei mittlerer Hitze ca. 20 Minuten köcheln lassen.

10. Die Brühe im Anschluss abseihen und erkalten lassen.

11. Die Brühe innerhalb weniger Tage verwenden oder einfrieren. Eingefroren kann sie bis zu 3 Monate aufbewahrt werden.

Mayonnaise

Dauer: 15 Minuten
Portionen: ca. 250 g

Die Zutaten:

- 2 sehr frische Eier
- 1 TL Senf
- 250 ml Sonnenblumenöl
- 1 ½ EL Zitronensaft
- 1 Prise Salz
- 1 Prise weißer Pfeffer

Die Zubereitung:

1. Die Eier aufschlagen und trennen.
2. Die Eigelbe zusammen mit dem Senf in eine Schüssel geben und mit einem Handrührgerät (mit Schneebesen) verrühren.
3. 50 ml des Sonnenblumenöls tröpfchenweise dazugeben und verrühren, bis aus dem Öl mit der Eigelb-Senf-Mischung eine glatte Creme entstanden ist.
4. Nun die restlichen 200 ml des Sonnenblumenöls in einen dünnen Strahl ganz langsam und unter ständigem Rühren dazugeben, bis die cremige Mayonnaise entstanden ist.
5. Die Zitrone auspressen und 1 ½ Esslöffel des Zitronensaftes zu der Mayonnaise geben.
6. Zum Abschluss mit Salz und Pfeffer abschmecken.
7. Die Mayonnaise im Kühlschrank aufbewahren und noch am selben Tag oder am Tag darauf verbrauchen.

Rindfleischbrühe

Dauer: 2 Stunden
Portionen: ca. 1,5 Liter

Die Zutaten:

- 2 Zwiebeln
- 2 Beinscheiben vom Rind
- 3 Markknochen vom Rind
- 500 g Suppenfleisch
- 2 Selleriestangen
- 2 Möhren
- 1 Bund Petersilie
- 2 Lorbeerblätter
- 4 Gewürznelken
- 15 Pfefferkörner
- 8 Pimentkörner
- Mehrere Prisen Salz
- 2 Liter Wasser

Die Zubereitung:

1. Die Zwiebeln schälen, halbieren und in Würfel schneiden.
2. Einen großen Topf ohne Fett erhitzen und die Zwiebelwürfel darin andünsten.
3. Die Beinscheiben, die Markknochen und das Suppenfleisch unter kaltem Wasser abwaschen, abtupfen und vorsichtig zu den Zwiebeln in den Topf geben.
4. Die Selleriestangen waschen, putzen, entfädeln und in feine Scheiben schneiden.

5. Die Möhren schälen, waschen und in feine Scheiben schneiden.
6. Dann den Topf mit dem Wasser auffüllen.
7. Die Petersilie waschen, abtropfen lassen, Blättchen abzupfen, fein hacken und zusammen mit den Lorbeerblättern, den Gewürznelken, den Pfefferkörnern, den Pimentkörnern und dem Salz in den Topf geben.
8. Den Inhalt kurz Aufkochen lassen und dann bei leicht geöffnetem Deckel für ca. 30 Minuten bei mittlerer Hitze köcheln lassen.
9. Falls sich zwischendurch Schaum bildet, diesen regelmäßig abschöpfen.
10. Beim Kochen darauf achten, dass das Fleisch immer mit Wasser bedeckt ist. Eventuell heißes Wasser nachgießen.
11. Im Anschluss den Topf mit dem Deckel verschließen und bei geringer Hitze für weitere 30 Minuten köcheln lassen.
12. Dann das Fleisch aus der Brühe herausnehmen und auf einen Teller legen.
13. Die Brühe weitere 30 Minuten leicht köcheln lassen.
14. Zum Schluss die Brühe abseihen.
15. Das Gemüse in einem Sieb leicht ausdrücken, damit der Gemüsesaft in die Brühe kommt.
16. Die Brühe entweder zügig verzehren oder portionsweise einfrieren. Sie hält sich dann für ca. 6 Monate.
17. Das Rindfleisch eignet sich hervorragend als Beilage zu einer Rindfleischsuppe.

Tomatenketchup

Dauer: 35 Minuten
Portionen: ca. 500 ml

Die Zutaten:

- 2 Zwiebeln
- 1 Knoblauchzehe
- 1 EL Olivenöl
- 500 ml passierte Tomaten
- 2 ½ TL Curry
- Mehrere Prisen Pfeffer
- Je eine Prise Salz, Ingwerpulver, Chili
- 1 EL Speisestärke

Die Zubereitung:

1. Die Zwiebeln schälen und in kleine Würfel schneiden.
2. Die Knoblauchzehe schälen und fein reiben.
3. Das Olivenöl in einen Topf geben und Zwiebelwürfel und Knoblauch darin leicht anschwitzen.
4. Die passierten Tomaten hinzugeben und alles zusammen ca. 20 Minuten bei mittlerer Hitze mit Deckel köcheln lassen. Dabei ab und zu umrühren.
5. Dann Curry, Pfeffer, Salz, Ingwerpulver, Chili und Speisestärke hinzugeben und alles mit einem Mixer vorsichtig fein pürieren.
6. Die heiße Soße in sterile Gläser füllen und sofort ver- schließen.
7. Verschlossen ist der Tomatenketchup ca. 1 Monat haltbar. Nach dem Öffnen sollte er innerhalb weniger Tage verbraucht werden.

LIEBLINGSGERICHTE für KINDER

Apfelmus

Dauer: 20 Minuten
Portionen: Für 6 Gläser

Die Zutaten:

- 1,5 kg Äpfel
- ¾ Bio-Zitrone
- 150 ml Wasser
- ¾ TL Bourbon-Vanille gemahlen
- Eine Prise Zimt

Die Zubereitung:

1. Die Äpfel waschen, schälen, entkernen, in Stücke schneiden und in einen großen Topf geben.
2. Die Zitrone waschen und trocken reiben. Dann die Schale vorsichtig abreiben. Die Zitrone im Anschluss auspressen. Jeweils ¾ des Zitronenabriebs und des Zitronensaftes zu den Äpfeln dazugeben.
3. Das Wasser dazugeben und alles zusammen aufkochen lassen. Dann bei mittlerer Hitze ca. 10 Minuten köcheln lassen. Dabei hin und wieder umrühren, bis die Äpfel weich geworden sind.
4. Die weichgekochten Äpfel zusammen mit der Vanille und dem Zimt mit einem Mixer fein pürieren.
5. Das warme Apfelmus entweder als Nachtisch essen oder in sterile Gläser füllen. Die Gläser dann verschließen und langsam abkühlen lassen. In dieser Form ist das Apfelmus für ca. 3 Monate haltbar.

Burger

Dauer: 30 – 40 Minuten
Portionen: 6 Stück

Die Zutaten:

- 600 g Hackfleisch
- Mehrere Prisen Salz
- Mehrere Prisen Pfeffer
- 3 EL Öl
- 3 Tomaten
- ¼ Gurke
- 1 Zwiebel
- 6 Salatblätter
- 6 Sesambrötchen
- 6 EL Tomatenketchup, selbstgemacht
- 6 Scheiben Käse

Die Zubereitung:

1. Das Hackfleisch in eine Schüssel geben und mit Salz und Pfeffer würzen.
2. Das Hackfleisch in 6 Portionen einteilen. Aus jeder Portion mit den Händen eine sehr flachen Taler formen.
3. Vier kleine Schüsseln für das folgende Gemüse bereit stellen.
4. Die Tomaten waschen, halbieren, den Strunk entfernen, in Scheiben schneiden und in eine kleine Schüssel geben.
5. Die Gurke waschen und in dünne Scheiben schneiden.
6. Die Zwiebel schälen und mit einem Gemüsehobel ebenfalls in dünne Scheiben schneiden.

7. Die Salatblätter vorsichtig waschen und trocken tupfen oder schleudern.
8. Das Öl in einer beschichteten Pfanne erhitzen und die Hackfleisch-Taler darin gut durchbraten.
9. In der Zwischenzeit die Sesamtbrötchen auf einem Toaster oder im Backofen aufbacken und aufschneiden.
10. Die Brötchenhälften nach Belieben mit dem Tomaten-ketchup bestreichen und mit dem Gemüse belegen.
11. Zum Schluss den gebratenen Hackfleisch-Taler auf den Burger legen.
12. Den Burger eventuell mit einem Holzstäbchen in der Mitte fixieren, damit er nicht auseinander fällt.

Fischstäbchen

Dauer: 15 Minuten
Portionen: Für 4 Personen

Die Zutaten:

- 800 g Kabeljaufilet
- Je eine Prise Salz und Pfeffer
- 2 Eier
- 3 EL Mehl
- 120 g Paniermehl
- 4 EL Butter oder Butterschmalz
- 1 Zitrone

Die Zubereitung:

1. Die Kabeljaufilets waschen, mit einem Küchentuch abtupfen und in ca. 3 cm breite Stücke schneiden.
2. Mit Salz und Pfeffer würzen.
3. Die Eier auf einem Teller mit einer Gabel verquirlen.
4. Das Mehl auf einen Teller geben.
5. Das Paniermehl auf einen anderen Teller geben.
6. Die Teller in dieser Reihenfolge aufstellen: Mehl, Eier, Paniermehl.
7. Die Kabeljaufilets zuerst in Mehl, dann im Ei und zum Schluss im Paniermehl wenden.
8. Die Butter in einer Pfanne erhitzen und die Fischstäbchen von beiden Seiten ca. 2 bis 3 Minuten knusprig anbraten, dann herausnehmen und kurz auf einem Küchentuch abtropfen lassen.
9. Die Zitrone auspressen und den Saft nach Geschmack über die Fischstäbchen geben.

Kartoffelpüree

Dauer: 35 Minuten
Portionen: Für 4 Personen

Die Zutaten:

- 1 kg Kartoffeln, mehligkochend
- 250 ml Milch
- 2 EL Butter
- Eine Prise Salz
- Eine Prise Pfeffer
- Eine Prise Muskatnuss, frisch gerieben

Die Zubereitung:

1. Die Kartoffeln schälen, waschen, in Stücke schneiden und in einen Topf geben.
2. Den Topf mit Wasser auffüllen und das Salz dazugeben.
3. Die Kartoffeln bei geschlossenem Deckel für ca. 25 Minuten kochen, bis sie weich geworden sind.
4. Nach dem Kochen das Wasser abgießen und die Kartoffeln im geöffneten Topf leicht abkühlen lassen.
5. Milch, Butter, Salz, Pfeffer und die Prise Muskatnuss in einen Topf geben, miteinander vermischen und kurz aufkochen lassen.
6. Die Kartoffeln mit einem Kartoffelstampfer zerdrücken. Die aufgekochte Milchmischung zu den Kartoffeln geben und alles gut unterrühren, bis ein sämiges Kartoffelpüree entstanden ist. Kochende Milchmischung unterrühren, evtl. nachwürzen.

Möhrenpüree

Dauer: 20 Minuten
Portionen: Für 4 Personen

Die Zutaten:

- 450 g Möhren
- 4 kleine Karoffeln
- 80 ml Milch
- 80 ml Sahne
- 80 g Butter
- Eine Prise Pfeffer
- Eine Prise Salz
- Eine Prise Muskar, frisch gerieben

Die Zubereitung:

1. Die Möhren und die Kartoffeln schälen, waschen, in kleine Stücke schneiden und in einen Topf geben.
2. Milch und Sahne dazugeben und aufkochen lassen.
3. Die Möhren und Kartoffeln einige Minuten leicht köcheln lassen, so dass die Flüssigkeit einkocht. Damit nichts anbrennt, am besten gut beobachten.
4. Nach dem Kochen die Möhren- und Kartoffelstücke mit einem Kartoffelstampfer in der Flüssigkeit zerdrücken.
5. Butter, Salz, Pfeffer und Muskat (vorsichtig dosieren) dazugeben und alles gut miteinander vermengen.

Muffins

Dauer: 1 Stunde 20 Minuten (50 – 60 Minuten Backzeit)
Portionen: 12 Stück

Die Zutaten:

- 1 Apfel
- 1 Birne
- 1 Ei
- 100 g Dinkelmehl
- 50 g Speisestärke
- 1 TL Backpulver
- Eine Prise Salz
- 1 EL Butter für die Muffinform

Die Zubereitung:

1. Apfel und Birne schälen, entkernen und fein reiben.
2. Das Ei aufschlagen und in eine Teigschüssel geben.
3. Das Salz zum Ei hinzufügen und mit einem Hand-rührgerät schaumig schlagen.
4. Das geriebene Obst hinzufügen.
5. Mehl, Speisestärke und Backpulver in einer separaten Schüssel mischen und dann löffelweise zu der anderen Masse dazugeben und unterrühren.
6. Den Backofen auf 170 °C (Umluft) vorheizen.
7. Die Muffinform einfetten oder alternativ mit Papier-förmchen auslegen.
8. Den Muffinteig auf die Förmchen verteilen und für ca. 50 bis 60 Minuten auf der mittleren Ebene auf das Rost in den Backofen schieben.
9. Zum Ende der Backzeit eine Stäbchenprobe machen.

10. Die Muffinform aus dem Backofen nehmen und kurz abkühlen lassen.
11. Die Muffins nach wenigen Minuten aus der Muffinform entnehmen und auf einem Kuchengitter vollständig auskühlen lassen.

Nudelauflauf

etwas aufwendiger, aber sehr lecker

Dauer: 1 Stunde 20 Minuten (40 Minuten Backzeit)
Portionen: Für 4 Personen

Die Zutaten:

- 250 g Makkaroni
- 25 g Butter
- 300 g Rinderhack
- 2 EL Olivenöl
- 1 Zwiebel
- 200 g Staudensellerie
- 150 g Möhren
- 1 EL Tomatenmark
- 250 g passierte Tomaten
- 500 ml Gemüsebrühe
- 150 g Kirschtomaten
- 1 Bund Lauchzwiebeln
- Je eine Prise Salz und Pfeffer
- Eine Prise Paprikapulver edelsüß
- 2 EL Mehl
- 250 ml Milch
- 100 g Schmelzkäse
- 50 g Gouda

Die Zubereitung:

1. Die Nudeln nach Packungsanleitung garen.
2. Den Backofen auf 200°C vorheizen und eine feuerfeste Auflaufform mit Butter einfetten.

3. Öl in eine Pfanne geben und das Rinderhackfleisch darin krümelig anbraten.

4. Die Zwiebel schälen, in feine Würfel schneiden und zusammen mit dem Hackfleisch bei mittlerer Hitze andünsten.

5. Den Sellerie waschen, abtupfen und in feine Scheiben schneiden. Ebenfalls zum Hackfleisch hinzufügen.

6. Die Möhren schälen, waschen, in feine Stücke schneiden und in die Pfanne geben.

7. Tomatenmark, passierte Tomaten und 250 ml der Gemüsebrühe hinzufügen und alles zusammen bei mittlerer Hitze ca. 10 Minuten kochen.

8. Die Kirschtomaten waschen und halbieren.

9. Die Lauchzwiebeln putzen und in feine Ringe schneiden.

10. Kirschtomaten und Lauchzwiebeln zur Hackfleischsoße hinzugeben und wenige Minuten mitgaren.

11. Mit Salz, Pfeffer und Paprikapulver abschmecken.

12. In einem anderen Topf die Butter schmelzen und das Mehl darin anschwitzen.

13. Mit der Milch und den restlichen 250 ml Brühe ablöschen und aufkochen lassen.

14. Den Schmelzkäse hinzugeben und verrühren, bis dieser sich aufgelöst hat und mit Salz und Pfeffer abschmecken.

15. Die gekochten Nudeln abwechselnd mit den beiden Soßen in die Aufllaufform schichten.

16. Den Gouda reiben, den Nudelauflauf damit bestreuen und diesen dann für ca. 40 Minuten in den Backofen schieben.

Nudelauflauf – schnelle Variante

Dauer: 35 Minuten (20 Minuten Backzeit)
Portionen: Für 4 Personen

Die Zutaten:

- 250 g Makkaroni
- 2 EL Butter
- Tomatensauce (selbst gemacht aus diesem Buch)
- 50 g Gouda

Die Zubereitung:

1. Die Nudeln nach Packungsanleitung garen.
2. Den Backofen auf 200°C vorheizen.
3. Eine feuerfeste Auflaufform mit Butter einfetten.
4. Die Tomatensauce nach dem Rezept aus diesem Buch zubereiten.
5. Die Nudeln in die Aufflaufform geben, mit der Tomatensauce übergießen und gut vermischen.
6. Zum Schluss den Käse reiben und über den Nudeln verteilen.
7. Die Aufflaufform für ca. 20 Minuten in den Backofen geben, bis der Käse geschmolzen und etwas knusprig geworden ist. Dann servieren.

Pfannkuchen

Dauer: 20 Minuten
Portionen: Für 4 Personen

Die Zutaten:

- 2 Eier
- Mehrere Prisen Salz
- 40 ml Wasser
- 240 ml Milch
- 160 g Mehl
- Butter für die Pfanne

Die Zubereitung:

1. Die Eier aufschlagen und in eine Rührschüssel geben.
2. Salz, Wasser und Milch dazugeben und alles gut miteinander verrühren.
3. Das Mehl nach und nach hinzufügen und mit einem Mixer gut verrühren.
4. Einen Teelöffel Butter in einer Pfanne erhitzen und eine Suppenkelle Pfannkuchenteig dazugeben. Den Pfannkuchen entweder mit geschlossenem Deckel ausbacken oder zwischendurch wenden.
5. Die fertigen Pfannkuchen können nach individuellem Geschmack gefüllt werden. Als Süße Variante eignen sich zuckerfreies Apfelmus und Zimt. Geriebener Käse, Zwiebeln und Schinken sind geeignete Zutaten für herzhafte Pfannkuchen.

Pizzateig

Dauer: 55 – 60 Minuten (30 Minuten Ruhezeit, 25 – 30 Minuten Backzeit)
Portionen: Für 4 Personen

Die Zutaten für den Teig:

- 350 g Weizenmehl (Typ 550)
- 200 g lauwarmes Wasser
- 20 g frische Hefe
- 25 g Olivenöl
- 1 ½ TL Salz

Die Zutaten für den Belag:

- 6 EL Tomatensauce
- Mehrere Prisen Oregano
- nach Geschmack: Salami, Schinken, Champignons, Oliven, Mais, Paprika, Thunfisch, Zwiebeln, Mozzarella, etc.
- 150 g Gouda

Die Zubereitung:

1. Alle Zutaten für den Teig in eine Teigschüssel geben und mit einem Handrührgerät mit Knethaken zu einem glatten Teig verarbeiten.
2. Ein Backblech mit Backpapier auslegen.
3. Den fertigen Teig auf dem Backblech ausrollen und abgedeckt 30 Minuten an einem warmen Ort gehen lassen.
4. Den Backofen auf 200 °C Ober-/Unterhitze vorheizen.
5. Die Tomatensauce auf dem Pizzaboden verteilen.
6. Eine Prise Oregano auf der Tomatensauce verteilen.

7. Den Pizzateig nach Belieben belegen.
8. Den Käse in Scheiben schneiden oder reiben und auf der Pizza verteilen.
9. Das Backblech in der mittleren Ebene in den Backofen schieben und 25 bis 30 Minuten backen.
10. Nach dem Backen noch eine kleine Prise Oregano auf der Pizza verteilen.
11. Die Pizza in Stücke schneiden und servieren.

Tomatensauce

Dauer: 15 Minuten
Portionen: Für 4 Personen

Die Zutaten:

- 8 große Tomaten
- 5 EL Olivenöl
- 1 Knoblauchzehe
- 1 Stängel frische Petersilie
- Eine Prise Peffer
- Eine Prise Salz
- Eine Prise Oregano

Die Zubereitung:

1. Einen Topf mit Wasser zum Kochen bringen.
2. Die Tomaten waschen und kurz in dem kochenden Wasser eintauchen, damit sich die Tomatenhaut löst.
3. Die Tomaten dann schälen, entkernen und in kleine Stücke schneiden.
4. Die Knoblauchzehe schälen und fein reiben.
5. Tomatenstücke, Olivenöl, Knoblauch, Petersilie, Salz, Pfeffer und Oregano in einen Topf geben, miteinander vermischen und ca. 10 Minuten bei mittlerer Hitze garen.

Vanillepudding ohne Zucker

Dauer: 35 Minuten (30 Minuten Einweichzeit)
Portionen: 1 Schüssel

Die Zutaten:

- 60 g ungeschwefelte Datteln
- 500 ml Milch
- 1 Ei
- 30 g Speisestärke
- Mark von einer Vanilleschote

Die Zubereitung:

1. Die Datteln zusammen mit 200 ml Milch in eine Schüssel geben und für 30 Minuten einweichen lassen.
2. Das Ei aufschlagen und ebenfalls zu der Milch geben.
3. Die Dattel-Milch-Mischung in einem Mixer fein pürieren.
4. 300 ml Milch in einem Topf vorsichtig zum Kochen bringen und dann auf mittlere Hitze reduzieren.
5. Die Speisestärke nun löffelweise in die warme Milch einrühren.
6. Im Anschluss auch die Dattel-Milch-Mischung hinzufügen und unterrühren.
7. Den Pudding ca. 5 Minuten leicht köcheln lassen und dabei ab und zu umrühren.
8. Den Pudding zum Schluss in eine Schüssel füllen und kalt werden lassen.

Waffeln

Dauer: 20 Minuten
Portionen: 12 Waffeln

Die Zutaten:
- 4 Eier
- 100 weiche Butter
- 400 ml Buttermilch oder normale Milch
- 200 g Mehl
- 4 EL zarte Haferflocken

Tipp: Für etwas Süße kann ein Apfel in den Waffelteig gerieben werden.

Die Zubereitung:
1. Die Eier aufschlagen und in eine Rührschüssel geben.
2. Die weiche Butter hinzugeben und mit den Eiern verrühren.
3. Dann die Buttermilch (oder alternativ die Milch) hinzufügen.
4. Das Mehl nach und nach hinzugeben und verrühren.
5. Zum Schluss die Haferflocken untermischen.
6. Auf Wunsch an dieser Stelle den geriebenen Apfel hinzufügen und so lange verrühren, bis der Teig glatt ist.
7. Den Waffelteig nun in einem Waffeleisen ausbacken und die Waffeln genießen.

BROT und BRÖTCHEN

Dinkel-Roggenbrot

Dauer: 75 Minuten (60 Minuten Backzeit)
Portionen: 1 Brot

Die Zutaten:

- Butter zum Einfetten
- 25 g Hefe
- ½ Liter Wasser
- 3 EL Essig
- 400 g Dinkelmehl
- 100 g Roggenmehl
- 100 g Samen (Leinsamen, Sonnenblumenkerne, ...)
- 15 g Salz

Die Zubereitung:

1. Den Backofen auf 220 Grad vorheizen.
2. Eine Kastenform mit Butter oder einem anderen Back-trennmittel einfetten.
3. Die Hefe in dem Wasser auflösen.
4. Essig zu dem Wasser hinzugeben.
5. Dinkelmehl, Roggenmehl, Samen nach Wahl und das Salz in eine Schüssel geben und vermischen.
6. Das Hefe-Wasser nach und nach zugeben und sehr gut vermischen.
7. Den weichen Teig in die Kastenform füllen, glatt-streichen und für 5 Minuten gehen lassen.
8. Den Teig für 60 Minuten im Backofen backen.
9. Das Brot nach dem Backen direkt aus der Form holen und auf einem Kuchengitter abkühlen lassen.

Hefezopf

Dauer: 4 Stunden 30 Minuten
(35 Minuten Backzeit, mehrere Ruhezeiten)
Portionen: 1 Hefezopf

Die Zutaten:

- 500 g Mehl
- 200 ml Milch
- 100 g zuckerfreies Apfelmus
- ½ Würfel Hefe
- Mehrere Prisen Salz
- Mehrere Prisen Zimt
- Rosinen (Menge nach Wunsch)
- 3 EL Milch zum Bestreichen

Die Zubereitung:

1. Mehl, Milch, Apfelmus, Hefe, Salz und Zimt in eine Schüssel geben und von Hand oder mit einem Hand-rührgerät mit Knethacken so lange durchkneten, bis ein glatter Teig entstanden ist.
2. Den Teig für ca. 3 Stunden zugedeckt an einem warmen Ort gehen lassen, bis er sichtlich größer geworden ist.
3. Danach erneut kräftig durchkneten und die Rosinen in der gewünschten Menge unterheben.
4. Ein Backblech mit einem Backpapier belegen.
5. Den Teig jetzt in drei gleiche Teile aufteilen und jeden Teil zu einer ca. 35 cm langen Rolle formen.
6. Die Rollen auf das vorbereitete Backblech legen und einen Zopf flechten.

7. Den Zopf vorsichtig mit einem Küchentuch abdecken und das Backblech für ca. 30 Minuten an einen warmen Ort stellen, damit der Zopf noch einmal gehen kann.
8. In der Zwischenzeit den Backofen auf 165 Grad Umluft vorheizen.
9. Zum Schluss den Zopf mit der Milch bestreichen.
10. Den Hefezopf 35 Minuten im Backofen auf der mittleren Schiene backen.

Himbeer-Bananen-Brot

Dauer: 55 Minuten (40 Minuten Backzeit)
Portionen: Ein Brot

Die Zutaten:

- 125 g TK-Himbeeren
- 100 g Butter
- 120 g Apfelmark (Es enthält ausschließlich den Zucker aus den Äpfeln, da es i.d.R. nicht zusätzlich gesüsst wird.)
- 2 Eier
- 40 g Joghurt, 10 %
- 1 TL Vanillepulver
- 4 reife Bananen
- 225 g Mehl
- 2 EL Milch
- 1 TL Natron
- 1 Prise Salz
- 75 g gehackte Mandeln

Die Zubereitung:

1. Die TK-Himbeeren aus dem Eis nehmen und antauen lassen.
2. Den Backofen auf 180° Grad vorheizen.
3. In eine Kastenform Backpapier hineinlegen.
4. Die Butter und das Apfelmark in eine Schüssel geben und gut miteinander vermischen
5. Die zwei Eier hinzufügen und erneut gut verrühren.
6. Joghurt und Vanillepulver unter die Masse rühren.

7. Die Bananen schälen, in Stücke schneiden und mit einer Gabel zerdrücken. Die zerdrückten Bananen zu der Masse geben und unterrühren.

8. Das Mehl zusammen mit dem Natron und dem Salz in einer separaten Schüssel vermischen.

9. Nun die Mehlmischung löffelweise zu dem Teig hinzugeben.

10. Zwei Esslöffel Milch hinzugeben und untermengen.

11. Zum Schluss die gehackten Mandeln und die angetauten Himbeeren hinzugeben und unterheben.

12. Den Teig in die Kastenform geben und ca. 40 Minuten backen.

13. Das Brot nach dem Backen einige Minuten in der Form auskühlen lassen und dann zum weiteren Abkühlen auf ein Kuchengitter legen.

Vegane Dinkelbrötchen

Dauer: 50 Minuten (25 Minuten Backzeit)
Portionen: 16 Brötchen

Die Zutaten:

- 500 g Dinkelvollkornmehl
- 1 Päckchen Trockenhefe
- 350 ml lauwarmes Wasser
- 1 ½ TL Salz
- etwas Leinsamen zum Bestreuen

Die Zubereitung:

1. Das Dinkelvollkornmehl zusammen mit der Hefe und dem Salz in eine Schüssel geben und vermengen.
2. Nun das lauwarme Wasser hinzugeben und den Teig mit den Händen oder einem Handrührgerät mit Knethacken gut durchkneten.
3. Den Teig abdecken und an einem warmen Ort ca. 20 Minuten gehen lassen.
4. In der Zwischenzeit den Backofen auf 250° Grad vorheizen.
5. Ein Backblech mit Backpapier auslegen.
6. Den Teig aus der Schüssel nehmen und in 16 Stücke teilen.
7. Die einzelnen Teigstücke zu Brötchen formen und auf das vorbereitete Backblech legen.
8. Die Brötchen leicht einschneiden und dann noch einmal 5 Minuten gehen lassen.

9. Die Hände anfeuchten und damit vorsichtig über die Brötchen streichen. Im Anschluss direkt mit den Leinsamen bestreuen.
10. Die Brötchen für 25 Minuten im Backofen backen.

Vollkornbrot

Dauer: 70 Minuten (60 Minuten Backzeit)
Portionen: 1 Brot

Die Zutaten:
- 250 g Dinkelvollkornmehl
- 250 g Roggenvollkornmehl
- 350 g Kerne und Samen nach Wahl
  (Kürbiskerne, Sonnenblumenkerne, Leinsamen)
- 2 ½ TL Salz
- 500 ml lauwarmes Wasser
- 1 Würfel frische Hefe
- 2 EL Obstessig

Die Zubereitung:
1. Eine 30 cm lange Kastenform mit Backpapier auslegen.
2. Dinkel- und Roggenvollkornmehl zusammen mit den Kernen, Samen und dem Salz in eine Schüssel geben und gut miteinander vermischen.
3. Das Wasser in eine Schüssel geben und die Hefe mit den Händen zerbröseln, dazugeben und verrühren, bis sich die Hefe aufgelöst hat.
4. Das Hefe-Wasser und den Essig zum Mehl dazugeben und alles zu einem flüssigen Teig verrühren. Den Teig dann in die vorbereitete Kastenform füllen.
5. Die Kastenform in den kalten Backofen auf die mittlere Ebene stellen und bei 200 Grad (Ober-/Unterhitze) 60 Minuten backen. Das Brot dann aus dem Ofen nehmen, 5 Minuten warten, aus der Form nehmen und auf einem Kuchengitter weiter auskühlen lassen.

DIPS und AUFSTRICHE

Champignon Frischkäse Creme

Dauer: 30 Minuten
Portionen: Für 4 Personen

Die Zutaten:

- 500 g Champignons
- 2 Schalotten
- 2 EL Olivenöl
- Mehrere Prisen Salz und Pfeffer
- 1 Bund Petersilie
- 200 g Frischkäse

Die Zubereitung:

1. Die Champignons putzen, waschen, den Stiel entfernen und in sehr feine Würfel schneiden.
2. Die Schalotten schälen und in feine Würfel schneiden.
3. Das Öl in einer Pfanne erhitzen und die Champignons darin für sieben Minuten anbraten.
4. Anschließend die Schalotten Würfel dazugeben und für weitere fünf Minuten anbraten.
5. Mit Salz und Pfeffer abschmecken.
6. Die Pilze in ein Sieb geben, über einer Schüssel abtropfen und abkühlen lassen.
7. Die Petersilie waschen, abtropfen lassen, Blättchen abzupfen und fein hacken.
8. Den Frischkäse, zwei Esslöffel Champignonflüssigkeit, Champignons und Petersilie in eine Schüssel geben und alles gut miteinander vermengen. Mit Salz und Pfeffer abschmecken.

Dattel Dip

Dauer: 10 Minuten
Portionen: Für 4 Personen

Die Zutaten:

- 150 g Datteln, entsteint
- 1 Knoblauchzehe
- 200 g Frischkäse
- 100 g Joghurt
- 200 g Schmand
- 2 TL Curry
- ½ TL Salz
- Mehrere Prisen Cayennepfeffer

Die Zubereitung:

1. Die Datteln in sehr kleine Stücke schneiden.
2. Die Knoblauchzehe schälen und fein reiben.
3. Den Frischkäse zusammen mit dem Joghurt, dem Schmand, dem Curry, dem Salz und dem Cayenne-pfeffer in eine Schüssel geben.
4. Die Datteln und den Knoblauch dazugeben und alles gut miteinander verrühren.

Kräuterbutter

Dauer: 10 Minuten
Portionen: Für 4 Personen

Die Zutaten:

- 125 g Butter
- ½ Zitrone
- 1 kleine Zwiebel
- ½ Knoblauchzehe
- 5 Stängel Schnittlauch
- ½ Bund Petersilie
- Je eine Prise Salz und Pfeffer

Die Zubereitung:

1. Die Butter in eine Schüssel geben.
2. Die Zitrone auspressen und 1 Esslöffel Zitronensaft zu der Butter geben.
3. Die Zwiebel schälen und in sehr feine Würfel schneiden.
4. Die Knoblauchzehe schälen, halbieren und fein reiben.
5. Den Schnittlauch waschen, trocken tupfen und mit einer Schere in feine Ringe schneiden.
6. Die Petersilie waschen, trocken tupfen, Blättchen ab-zupfen und fein hacken.
7. Alle Zutaten zur Butter in die Schüssel geben, Salz und Pfeffer hinzufügen und alles mit einem Handrührgerät mit Knethacken vermischen.
8. Zum Schluss nach Geschmack eventuell noch etwas Zitronensaft, Salz oder Pfeffer hinzugeben.
9. Die Butter kann auch gut portionsweise eingefroren werden.

Rohe Marmelade ohne Zucker

Dauer: 10 Minuten (40 Minuten Ruhezeit)
Portionen: 1 Glas

Die Zutaten:

- 250 g Obst nach Wahl
- 1 ¾ EL Chiasamen

Die Zubereitung:

1. Das Obst waschen, schälen, einen Strunk entfernen und in kleine Stücke schneiden.
2. Die Obststücke in einen Topf geben und pürieren.
3. Die pürierten Früchte in dem Topf unter Rühren kurz aufkochen lassen
4. Das Fruchtmus ca. 10 Minuten kalt werden lassen und dann die Chiasamen hinzufügen und gut verrühren.
5. Die Marmelade in ein Glas füllen, ca. 40 Minuten ruhen lassen und dann genießen.
6. Das Marmeladenglas im Kühlschrank aufbewahren und innerhalb von 2 Wochen verzehren.

Tomatenbutter

Dauer: 30 Minuten (20 Minuten Ruhezeit)
Portionen: Für 4 Personen

Die Zutaten:

- 3 getrocknete Tomaten
- 125 g weiche Butter
- 60 g Tomatenmark
- 1 Knoblauchzehe
- 3 Prisen Salz
- 1 Prise Pfeffer

Die Zubereitung:

1. Die Tomaten aus dem Glas nehmen, abtropfen lassen und in kleine Stücke schneiden.
2. Die Butter zusammen mit dem Tomatenmark und den gehackten Tomaten in eine Schüssel geben.
3. Die Knoblauchzehe schälen, fein reiben und ebenfalls in die Schüssel geben.
4. Nach Geschmack Salz und Pfeffer dazugeben und alles gut miteinander vermischen, bis eine cremige Masse entstanden ist.
5. Füllen Sie die Butter in ein Schälchen um und stellen es für ca. 20 Minuten in den Kühlschrank, damit die Butter fest wird.

SUPPEN

Kartoffelsuppe

Dauer: 60 Minuten
Portionen: Für 4 Personen

Die Zutaten:

- 150 g Champignons
- 500 g mehligkochende Kartoffeln
- 1 Stange Lauch
- 2 EL Butter
- 250 ml Hühnerbrühe
- 1 Prise Salz
- 1 Prise Pfeffer
- 1 ½ TL Thymian
- 1 Prise Muskatnuss
- 100 ml Sahne

Die Zubereitung:

1. Die Champignons putzen und in kleine Stücke schneiden.
2. Die Kartoffel schälen, waschen und würfeln.
3. Den Lauch putzen, die Wurzel abschneiden und waschen. Den weißen Teil in feine Ringe schneiden.
4. Die Butter in einen Topf geben und die Lauchringe darin ca. 5 Minuten andünsten.
5. Nun die Kartoffelwürfel hinzugeben und kurz mitdünsten.
6. Danach die Hühnerbrühe zusammen mit den Pilzen in den Topf geben.

7. Mit Salz, Pfeffer, Thymian und Muskatnuss würzen und die Suppe bei leichter Hitze für ca. 30 Minuten köcheln lassen.
8. Die Suppe nach dem Garen pürieren.
9. Zum Schluss die Sahne hinzugeben und verrühren.
10. Die Suppe auf Tellern anrichten und genießen.

Kokossuppe mit Spargel-Teigtaschen

Dauer: 60 Minuten

Portionen: Für 4 Personen

Die Zutaten:

- 1 große Schalotte
- 1 großes Stück Ingwer
- 1 grüne Chilischote
- 12 Stangen grüner Spargel
- 1 EL Öl
- 600 ml Gemüsebrühe
- 1 Eiweiß
- 8 Wan Tan Blätter
- 1 Limette
- 125 ml Kokosmilch
- 1 EL Thai Fischsauce
- ½ Bund Kerbel
- Mehrere Prisen Salz
- Mehrere Prisen Pfeffer

Die Zubereitung:

1. Die Schalotte schälen und in feine Würfel schneiden.
2. Den Ingwer schälen und fein reiben.
3. Die Chilischote waschen, abtropfen lassen, längs halbieren, entkernen und fein hacken.
4. Den Spargel waschen und die holzigen Enden abschneiden.
5. Öl in einem Topf erhitzen und Schalotte, Ingwer und Chili darin kurz andünsten.

6. Nun nach und nach die Gemüsebrühe dazugeben und aufkochen lassen.
7. Den Spargel in den Topf geben und für fünf Minuten bei leichter Hitze köcheln lassen. Anschließend den Spargel herausnehmen, abtropfen und abkühlen lassen. Die Spargelspitzen abschneiden und längs halbieren. Restlichen Spargel in dünne Scheiben schneiden.
8. Das Eiweiß mit einigen Tropfen Wasser verquirlen und die Wan-Tan-Blätter jeweils zur Hälfte mit drei halbierten Spargelspitzen belegen.
9. Die Teigränder mit Eiweiß bestreichen, die Wan-Tans zusammenklappen und die Ränder fest andrücken.
10. Die Limette auspressen. Zwei Esslöffel Limettensaft zusammen mit der Kokosmilch, der Currypaste und der Fischsauce in den Spargelsud geben und erneut aufkochen. Durch ein Sieb in einen zweiten Topf geben und zum Kochen bringen.
11. Die Teigtaschen und Spargelscheiben hineingeben und für zwei Minuten kochen.
12. Den Kerbel waschen, abtropfen lassen und Blättchen abzupfen.
13. Die Kokossuppe mit Salz und Pfeffer würzen, mit dem Kerbel garnieren und sofort servieren.

Kürbissuppe

Dauer: 45 Minuten

Portionen: Für 4 Personen

Die Zutaten:

- 1 Hokkaido Kürbis
- 1 Zwiebel
- 1 Knoblauchzehe
- 1 Chilischote
- 3 Kartoffeln
- 220 g Möhren
- 1 EL Öl
- 1 Orange
- 500 ml Gemüsebrühe
- 100 g Schmand
- 1 Prise Salz
- 1 Prise Pfeffer

Die Zubereitung:

1. Den Kürbis waschen und halbieren. Den Strunk, die Fasern im Inneren und die Kürbiskerne entfernen. Den Kürbis dann in Stücke schneiden.
2. Die Zwiebel und die Knoblauchzehe schälen und in feine Würfel schneiden.
3. Die Chilischote waschen, längs halbieren, entkernen und grob hacken.
4. Die Kartoffeln und die Möhren schälen, waschen und in Stücke schneiden.

5. Das Öl in einen Topf geben und die Zwiebel- und Knoblauchwürfel und die gehackte Chilischote darin andünsten.
6. Dann das geschnittene Gemüse dazugeben und kurz mit andünsten.
7. Die Orange auspressen. Den Orangensaft zusammen mit der Gemüsebrühe in den Topf geben und kurz aufkochen lassen. Dann bei geschlossenem Deckel für ca. 20 Minuten bei leichter Hitze köcheln lassen.
8. Zum Schluss den Schmand hinzugeben und die Suppe mit Salz und Pfeffer abschmecken.

Minestrone

Dauer: 2 h 20 Minuten (Einweichzeit über Nacht beachten)
Portionen: Für 4 Personen

Die Zutaten:

- 100 g getrocknete weiße Bohnen
- 2 Zwiebeln
- ½ Weißkohl
- 2 Zucchini
- 2 Stangen Staudensellerie
- 2 Möhren
- 2 Kartoffeln
- 4 große Tomaten
- 3 EL Olivenöl
- 1200 ml Gemüsebrühe
- 110 g Suppennudeln
- 1 Prise Salz
- 1 Prise Pfeffer
- 4 EL Parmesan

Die Zubereitung:

1. Die weißen Bohnen in reichlich kaltem Wasser über Nacht einweichen.
2. Die Zwiebeln schälen und in feine Würfel schneiden.
3. Den Weißkohl halbieren. Bei einer Hälfte die äußeren Blätter entfernen, den Strunk herausschneiden und in Streifen schneiden.
4. Die Zucchini waschen, die Enden abschneiden und die Zucchini in mundgerechte Stücke schneiden.

5. Die Staudensellerie waschen, putzen, entfädeln und in feine Scheiben schneiden.
6. Die Möhren und die Kartoffeln schälen, waschen und in kleine Stücke schneiden.
7. Die Tomatenhaut mit einem Messer an mehreren Stellen einritzen. Die Tomaten in siedendem Wasser kurz abkochen und dann in kaltes Wasser legen. Die Tomatenhaut lässt sich dann mit einem Messer leicht entfernen. Die Tomaten häuten, den Strunk entfernen und in feine Würfel schneiden.
8. Das Öl in einem Topf erhitzen und die Zwiebelwürfel darin etwa 5 Minuten glasig andünsten.
9. Im Anschluss das geschnittene Gemüse in den Topf geben und mit Deckel ca. 10 Minuten bei leichter Hintze andünsten. Dabei regelmäßig umrühren.
10. Die eingeweichten Bohnen abgießen und abwaschen und ebenfalls in den Topf geben.
11. Jetzt die Brühe hinzufügen und umrühren. Die Suppe bei mittlerer Hitze ca. 1 ¼ Stunde köcheln lassen. Die Garzeit eventuell etwas verlängern, falls die Bohnen nach dieser Zeit noch nicht gar sind.
12. Jetzt die Nudeln hinzugeben und die Suppe weitere 6-8 Minuten (Garzeit der Nudeln beachten) köcheln lassen.
13. In der Zwischenzeit den Parmesan fein reiben.
14. Die Suppe zum Schluss mit Salz und Pfeffer würzen, auf Tellern anrichten und mit Parmesan bestreuen.

Möhren Aprikosen Suppe

Dauer: 35 Minuten
Portionen: Für 4 Personen

Die Zutaten:

- 1 Knoblauchzehe
- 2 Zwiebeln
- 3 große Möhren
- 75 g getrocknete Aprikosen
- 1 rote Chilischote
- 2 EL Rapsöl
- Mehrere Prisen Salz
- Mehrere Prisen Pfeffer
- 1000 ml Gemüsebrühe
- 8 Stiele Basilikum
- ½ Zitrone
- 1 EL Honig

Die Zubereitung:

1. Die Knoblauchzehe schälen und feine würfeln.
2. Die Zwiebeln schälen und in feine Würfel schneiden.
3. Die Möhren schälen, waschen und in kleine Stücke schneiden.
4. Die Aprikosen in Würfel schneiden.
5. Die Chilischote waschen, längs halbieren, entkernen und grob hacken.
6. Öl in einem Topf erhitzen und Zwiebel und Knoblauch darin glasig andünsten.
7. Anschließend Möhren und Chili dazugeben und für fünf Minuten bei leichter Hitze andünsten lassen.

65

8. Mit Salz und Pfeffer abschmecken lassen.
9. Aprikosen und die Gemüsebrühe dazugeben, aufkochen lassen und für zwölf Minuten zugedeckt köcheln lassen.
10. In der Zwischenzeit Basilikum waschen, abtropfen lassen, Blättchen abzupfen und fein hacken.
11. Die Zitrone halbieren und auspressen.
12. Die Möhrensuppe mit dem Stabmixer pürieren und mit Zitronensaft, Honig, Salz und Pfeffer würzen.
13. Mit dem Basilikum garniert genießen.

Radieschen Kartoffel Suppe

Dauer: 40 Minuten
Portionen: Für 4 Personen

Die Zutaten:

- 2 Bund Radieschen
- 2 Schalotten
- 2 mehligkochende Kartoffeln
- 1 EL Joghurtbutter
- 800 ml Gemüsebrühe
- Mehrere Prisen Salz
- Mehrere Prisen weißer Pfeffer
- 1 Zitrone
- 4 EL Sojacreme
- 2 Prisen Muskatnuss

Die Zubereitung:

1. Die Radieschen waschen, abtropfen lassen, Blättchen abzupfen und fein hacken. Sechs Radieschen zur Seite legen. Die restlichen Radieschen in kleine Würfel schneiden.
2. Die Schalotten schälen und in feine Würfel schneiden.
3. Die Kartoffeln schälen, waschen und in feine Würfel scheiden.
4. Die Butter in einem Topf zum Schmelzen bringen und Radieschen Blättchen und Schalotten Würfel darin für zwei Minuten bei leichter Hitze andünsten.
5. Nun die Kartoffeln und die gewürfelten Radieschen untermengen und gut verrühren.

6. Nach und nach die Brühe dazugeben, kurz aufkochen lassen und mit Salz und Pfeffer abschmecken. Den Topf für 20 Minuten bei leichter Hitze zugedeckt köcheln lassen.

7. In der Zwischenzeit die Zitrone auspressen und die sechs Radieschen in feine Scheiben schneiden.

8. Die Suppe mit einem Stabmixer sehr fein pürieren und dabei die Sojacreme unterrühren. Erneut kurz aufkochen lassen und mit Salz, Pfeffer und Muskatnuss ab-schmecken.

9. Für den besonderen Geschmack auch noch zwei Teelöffel Zitronensaft dazugeben und die Suppe damit verfeinern.

10. Zum Schluss die Suppe erneut mit einem Stabmixer pürieren und die Suppe zusammen mit den Radieschen Scheiben genießen.

SALATE

Bohnen-Mozzarella-Salat

Dauer: 20 Minuten
Portionen: Für 4 Personen

Die Zutaten:

- 400 g grüne Bohnen
- 1 Stück Ingwer
- 6 Stiele Petersilie
- 10 Stiele Koriander
- Saft von 2 Limetten
- 200 ml Gemüsebrühe
- Mehrere Prisen Salz und Pfeffer
- 200 g Mozzarella

Die Zubereitung:

1. Die Bohnen waschen, abtropfen lassen, putzen und in kochendem Salzwasser für zehn Minuten garen.
2. In der Zwischenzeit den Ingwer schälen und fein reiben.
3. Die Petersilie und den Koriander waschen, abtropfen lassen, Blättchen abzupfen und fein hacken.
4. Limettensaft, Ingwer, Petersilie und Koriander in eine Schüssel geben und mit einem Stabmixer fein pürieren. Die Brühe dabei nach und nach dazugeben.
5. Das Pesto nun mit Salz und Pfeffer abschmecken.
6. Den Mozzarella abtropfen lassen und in mundgerechte Würfel schneiden.
7. Die Bohnen abgießen, abtropfen lassen und mit dem Mozzarella auf Tellern anrichten. Das Pesto darauf verteilen und servieren.

Bunter Tomatensalat auf körnigem Frischkäse

Dauer: 10 Minuten
Portionen: Für 4 Personen

Die Zutaten:

- 250 g rote Kirschtomaten
- 250 g gelbe Kirschtomaten
- 1 kleine rote Zwiebel
- 1 Knoblauchzehe
- ½ Bund Basilikum
- 3 EL Olivenöl
- Mehrere Prisen Salz
- Mehrere Prisen Pfeffer
- ¼ Bund Rucola
- 200 g körniger Frischkäse

Die Zubereitung:

1. Die Tomaten waschen und halbieren.
2. Die Zwiebel schälen und in feine Ringe schneiden.
3. Die Knoblauchzehe schälen und fein hacken.
4. Basilikum waschen, abtropfen lassen, Blättchen abzupfen und fein hacken.
5. Tomaten, Zwiebeln, Basilikum, Knoblauch und Olivenöl vermengen.
6. Mit Salz und Pfeffer würzen.
7. Den Rucola waschen und trocken tupfen.
8. Den Tomatensalat mit Rucola und Frischkäse anrichten.

Feldsalat nach bayrischer Art

Dauer: 30 Minuten
Portionen: Für 4 Personen

Die Zutaten:

- 2 Laugenstangen
- 6 EL Öl
- 1 Bund Petersilie
- 1 Bund Schnittlauch
- 2 rote Zwiebeln
- 2 Bund Radieschen
- 200 g Feldsalat
- 150 g Bergkäse
- 4 EL Apfelessig
- 2 EL süßer Senf
- 2 EL mittelscharfer Senf
- Mehrere Prisen Salz
- Mehrere Prisen Pfeffer
- 2 EL Kürbiskernöl

Die Zubereitung:

1. Die Laugenstangen in feine Scheiben schneiden. Diese jeweils einzeln mit Öl bestreichen und in einer Pfanne von beiden Seiten knusprig rösten.
2. Die Petersilie waschen, abtropfen lassen, Blättchen abzupfen und fein hacken.
3. Den Schnittlauch waschen, abtropfen lassen und mit einer Schere in kleine Röllchen schneiden.
4. Die Zwiebeln schälen und in feine Ringe schneiden.
5. Die Radieschen putzen, waschen und sehr fein hobeln.

6. Den Feldsalat waschen, Stielansatz entfernen und abtropfen lassen.
7. Den Käse in sehr feine Streifen schneiden.
8. Essig, beide Senfsorten, Salz, Pfeffer, restliches Öl und Kürbiskernöl in eine Schüssel geben und gut miteinander verrühren.
9. Nun die Kräuter unterrühren.
10. Feldsalat, Zwiebelringe und Radieschen mit 3/4 der Sauce mischen. Laugen-Chips und Käse darauf verteilen, mit der restlichen Sauce beträufeln und sofort servieren.

Griechischer Thunfischsalat

Dauer: 35 Minuten
Portionen: Für 4 Personen

Die Zutaten:

- 2 Köpfe Römersalat
- 1 rote Zwiebel
- 2 Salatgurken
- 2 rote Paprikaschoten
- 2 gelbe Paprikaschoten
- 4 grüne Pfefferschoten aus dem Glas
- 400 g Thunfisch aus der Dose
- 12 grüne Oliven
- 2 EL Kapern
- 1 Zitrone
- Mehrere Prisen Salz
- Mehrere Prisen Pfeffer
- 8 EL Olivenöl

Die Zubereitung:

1. Die Salate waschen, abtropfen lassen und die äußeren Blätter entfernen. Den Salat anschließend in sehr feine Streifen schneiden.
2. Die Zwiebel schälen und in feine Ringe hobeln.
3. Die Gurken schälen, waschen und in feine Scheiben schneiden.
4. Die Paprikaschoten waschen, den Strunk entfernen, halbieren, entkernen und in feine Streifen schneiden.
5. Die Pfefferschoten in feine Ringe schneiden.

6. Den Thunfisch abgießen, abtropfen lassen und mit einer Gabel in kleine Stücke zerkleinern.
7. Zwiebel, Gurke, Paprika, Pfefferschoten und Thunfisch in eine Schüssel geben und gut miteinander vermengen.
8. Die Petersilie waschen, abtropfen lassen, Blättchen abzupfen und fein hacken.
9. Die Oliven längs halbieren, entkernen und hacken. Auch die Kapern fein hacken.
10. Die Zitrone auspressen und zwei Esslöffel Saft entnehmen. Zitronensaft, Salz, Pfeffer, Olivenöl, gehackte Petersilie, gehackte Oliven und Kapern in die Schüssel geben, mehrmals kräftig umrühren und genießen.

Indischer Möhrensalat

Dauer: 40 Minuten
Portionen: Für 4 Personen

Die Zutaten:

- 300 g Naturjoghurt
- 4 Möhren
- 2 rote Zwiebeln
- 1 EL Öl
- 1 EL braune Senfkörner
- Mehrere Prisen Salz
- 1 TL gemahlener Kreuzkümmel
- 1 TL Chilipulver
- ½ Bund Minze
- ½ Zitrone

Die Zubereitung:

1. Den Joghurt in einem feinen Sieb für 30 Minuten abtropfen lassen.
2. In der Zwischenzeit die Möhren schälen, waschen und in sehr feine Streifen schneiden.
3. Die Zwiebel schälen, waschen und in sehr feine Ringe schneiden.
4. Das Öl in einer Pfanne erhitzen und die Senfkörner darin kurz anrösten, bis diese zu platzen beginnen.
5. Möhrenstreifen und Zwiebelringe in die Pfanne geben und mit Salz, Kreuzkümmel und Chilipulver würzen und für vier Minuten bei leichter Hitze bissfest garen. Anschließend herausnehmen, in eine Schüssel geben und abkühlen lassen.

6. Die Minze waschen, abtropfen lassen, Blättchen abzupfen und fein hacken. Die gehackte Minze zusammen mit dem Joghurt in eine Schüssel geben und gut vermengen.
7. Die Zitrone auspressen und einen Esslöffel Zitronensaft in den Joghurt geben und verquirlen.
8. Die Möhrenstreifen und die Zwiebelringe in den Joghurt geben, gut vermengen und servieren.

Kartoffel Radieschen Salat

Dauer: 70 Minuten
Portionen: Für 4 Personen

Die Zutaten:

- 600 g festkochende Kartoffeln
- 8 EL Gemüsebrühe
- 4 EL Weißweinessig
- Mehrere Prisen Salz und Pfeffer
- 4 Bund Radieschen
- 2 Handvoll Sprossenmix

Die Zubereitung:

1. Einen Topf mit Salzwasser zum Kochen bringen.
2. Kartoffeln waschen, in den Topf geben und für 20 Minuten bei leichter Hitze köcheln lassen. Dann abgießen und mit kaltem Wasser für 10 Sekunden abschrecken. Kartoffeln pellen, abkühlen lassen und dann in Scheiben schneiden.
3. Die Gemüsebrühe in einem Topf erwärmen und mit Essig, Salz und Pfeffer würzen. Die Kartoffeln dazugeben und für 40 Minuten ziehen lassen.
4. Die Radieschen putzen, waschen, in Scheiben schneiden und die Blättchen in Streifen schneiden. Beides in eine Schüssel geben und vermengen.
5. Den Sprossenmix in einem Sieb mit heißem Wasser gründlich abspülen und gut abtropfen lassen.
6. Die Kartoffelscheiben und die Brühe unter die Radieschen mischen, mit Salz und Pfeffer abschmecken und mit den Sprossen bestreuen.

Spinatsalat

Dauer: 35 Minuten
Portionen: Für 4 Personen

Die Zutaten:

- 350 g Blattspinat
- 75 g Mandeln
- 2 Zwiebeln
- 2 Knoblauchzehen
- 2 EL Olivenöl
- Mehrere Prisen Salz
- Mehrere Prisen Pfeffer
- 1 Granatapfel
- 200 g Joghurt
- 1 Zitrone

Die Zubereitung:

1. Den Spinat waschen und abtropfen lassen.
2. Die Mandeln grob hacken.
3. Die Zwiebeln schälen und in feine Würfel schneiden.
4. Die Knoblauchzehen schälen und in feine Würfel schneiden.
5. Eine Pfanne ohne Öl erhitzen und die Mandeln darin kurz anrösten. Anschließend herausnehmen, in eine Schüssel geben und abkühlen lassen. Die Pfanne auswischen.
6. Öl in der Pfanne erhitzen und Knoblauch und Zwiebeln darin glasig andünsten.
7. Den Spinat dazugeben, mit dem Knoblauch und den Zwiebeln vermengen und mit Salz und Pfeffer

abschmecken. Zwei Esslöffel Wasser in die Pfanne geben und den Spinat für eine Minute zugedeckt bei leichter Hitze köcheln lassen. Den Spinat dann aus der Pfanne nehmen und auf einer Platte abkühlen lassen.

8. Den Granatapfel entkernen und die Kerne mit den Mandeln vermischen und über dem Spinat verteilen.
9. Den Joghurt mit Salz und Pfeffer verrühren.
10. Die Zitrone heiß abwaschen und halbieren. Eine Zitronenhälfte auspressen und den Saft unter den Joghurt rühren.
11. Die Joghurtsauce über den Spinatsalat geben. Die restliche Zitrone in Spalten schneiden, den Spinatsalat damit anrichten und servieren.

Tomaten-Zucchini-Salat

Dauer: 30 Minuten
Portionen: Für 4 Personen

Die Zutaten:

- 3 Zucchini
- 200 g getrocknete Tomaten, in Öl
- 400 g Kirschtomaten
- 2 Avocado
- 4 EL Limettensaft
- 2 rote Chilischote
- Mehrere Prisen Salz
- Mehrere Prisen Pfeffer
- 50 g Pinienkerne

Die Zubereitung:

1. Die Zucchini waschen, die Enden abschneiden und mit einem Spiralschneider sehr fein schneiden und zu Spaghetti verarbeiten. Die Zucchini in kochendem Salzwasser bissfest garen, abgießen und abtropfen lassen.
2. Die getrockneten Tomaten abtropfen lassen und in mundgerechte Stücke schneiden.
3. Die Kirschtomaten waschen und halbieren.
4. Die Zucchini-Spaghetti zusammen mit den Tomatenstücken und den Kirschtomaten in eine Schüssel geben.
5. Die Avocados schälen und entkernen. Das Fruchtfleisch in Würfel schneiden, in eine Schüssel geben und mit dem Limettensaft beträufeln. Nun fein pürieren.

6. Die Chilis waschen, längs halbieren, entkernen und grob hacken. Zur Avocado geben und mit Salz und Pfeffer abschmecken.
7. Die Pinienkerne in einer Pfanne ohne Öl anrösten.
8. Den Salat auf Tellern anrichten und mit der Avocado-Chili-Creme bestreuen. Mit den Pinienkernen garnieren und servieren.

Zucchini-Avocado-Salat

Dauer: 30 Minuten
Portionen: Für 4 Personen

Die Zutaten:

- 500 g Zucchini
- 2 Avocados
- 2 EL Limettensaft
- 5 Tomaten
- ½ Bund Dill
- 4 EL Olivenöl
- 3 EL Reisessig
- 2 EL Sojasauce
- 1 Prise Salz
- 1 Prise Pfeffer
- 1 Prise Chilipulver
- 3 EL schwarzer Sesam
- 1 Limette

Die Zubereitung:

1. Die Zucchini waschen, die Enden abschneiden und mit einem Spiralschneider sehr fein schneiden und zu Spaghetti verarbeiten.
2. Die Avocados schälen, halbieren, entkernen und das Fruchtfleisch in feine Würfel schneiden und mit Limetten-saft beträufeln.
3. Die Tomaten waschen, halbieren, den Strunk entfernen und das Fruchtfleisch in feine Würfel schneiden.
4. Dill waschen, trocknen und fein hacken.

5. Die Zucchini-Spaghetti, Avocado Würfel, Tomatenwürfel und Dill in eine Schüssel geben und miteinander vermengen. Nun nach und nach Öl, Reisessig und Sojasauce dazugeben und wieder gut miteinander vermischen.
6. Mit Salz, Pfeffer und Chilipulver abschmecken.
7. Den Salat auf vier Schälchen verteilen und mit Sesam bestreuen.
8. Die Limette in Spalten schneiden und den Salat damit garnieren.

EIER-Gerichte

Brokkoli-Käse-Pfanne

Dauer: 20 Minuten
Portionen: Für 4 Personen

Die Zutaten:

- 800 g Brokkoli
- 6 Eier
- 2 Zwiebeln
- 100 g Käse
- Mehrere Prisen Salz
- Mehrere Prisen Pfeffer
- Mehrere Prisen edelsüßes Paprikapulver
- 2 Chilischoten
- 2 EL Olivenöl
- 2 EL Petersilie

Die Zubereitung:

1. Den Brokkoli waschen, den Strunk entfernen, in Röschen teilen und diese in mundgerechte Stücke schneiden.
2. Die Zwiebeln schälen und grob hacken.
3. Den Käse grob schneiden.
4. Das Öl in einer Pfanne erhitzen und die Zwiebeln und den Brokkoli für fünf Minuten zugedeckt andünsten.
5. Die Eier in die Pfanne geben und für zwei Minuten stocken lassen.
6. Nun den Käse dazugeben und alles gut miteinander vermengen.

7. In der Zwischenzeit die Chilischoten waschen, längs halbieren, entkernen und in Streifen schneiden.
8. Die Petersilie waschen, abtropfen lassen und fein hacken.
9. Die Chilistreifen in die Pfanne geben und mit Salz und Pfeffer abschmecken. Für 15 Minuten bei leichter Hitze köcheln lassen.
10. Auf einem Teller anrichten und mit Petersilie bestreuen.

Buchweizen mit Brokkoli und Ei

Dauer: 40 Minuten
Portionen: Für 4 Personen

Die Zutaten:

- 200 g Buchweizen
- 1 Prise Salz
- 300 g Rotkohl
- 1 EL Balsamessig
- 1 Prise Pfeffer
- 300 g Brokkoli
- 150 g Sojabohnen, in der Schote
- ¼ TL Koriander
- 2 EL Aprikosenfruchtaufstrich
- 3 EL Sojasauce
- 1 EL Zitronensaft
- ¼ TL Sambal oelek
- 1 EL Sesamöl
- 1 EL Rapsöl
- 4 Eier

Die Zubereitung:

1. Den Buchweizen laut Verpackungsanleitung in Salzwasser für 20 Minuten garen. Anschließend abgießen und abtropfen lassen. Gekühlt beiseitestellen.
2. In der Zwischenzeit den Rotkohl waschen, einige Blätter abzupfen und in feine Streifen schneiden.
3. Salz, Pfeffer und Essig hinzugeben, gut vermengen und für fünf Minuten ziehen lassen.

4. Den Brokkoli waschen, putzen und in einen Topf voller heißem Wasser für 12 Minuten bissfest garen. Zur selben Zeit die Sojabohnen dazugeben.

5. Mit Salz, Pfeffer und Koriander abschmecken.

6. In der Zwischenzeit den Aprikosenfruchtaufstrich, die Sojasauce, den Zitronensaft, Sambal oelek, Sesamöl und fünf Esslöffel Wasser in eine Schüssel geben und zu einer Sauce verarbeiten.

7. Das Öl in einer Pfanne erhitzen und die Eier darin zu Spiegeleiern verarbeiten. Diese mit Salz und Pfeffer abschmecken.

8. Den Buchweizen, den Rotkohl, den Brokkoli und die Sojabohnen auf vier Teller verteilen, mit der Sauce beträufeln und mit je einem Spiegelei anrichten.

Ei mit Petersilien Dip

Dauer: 30 Minuten
Portionen: Für 4 Personen

Die Zutaten:
- 2 große Petersilienwurzeln
- 200 ml Gemüsebrühe
- 16 Stiele Petersilie
- Mehrere Prisen Salz
- Mehrere Prisen Pfeffer
- 4 Eier

Die Zubereitung:
1. Die Petersilienwurzeln waschen, putzen, abtropfen lassen, schälen und in feine Scheiben schneiden.
2. Die Gemüsebrühe in einem Topf zum Kochen bringen und die Scheiben darin für acht Minuten zugedeckt bei leichter Hitze garen lassen.
3. Die Petersilie waschen, abtropfen lassen, Blättchen abzupfen und fein hacken.
4. Die Petersilienwurzelscheiben mit einer Schaumkelle aus der Brühe nehmen und auf einen Teller geben. Mit einer Gabel fein zerdrücken.
5. Die gehackte Petersilie untermischen.
6. Dann salzen und pfeffern und abkühlen lassen.
7. Die Eier für sechs Minuten wachsweich kochen und mit kaltem Wasser abschrecken. Dann abkühlen lassen, pellen und halbieren.
8. Die Eier mit dem Dip anrichten und mit etwas Petersilie garnieren.

Eierwolken

Dauer: 25 Minuten
Portionen: Für 4 Personen

Die Zutaten:

- 8 Eier
- 4 EL Parmesan
- 8 Scheiben Kochschinken
- 2 EL Schnittlauch
- Mehrere Prisen Salz und Pfeffer

Die Zubereitung:

1. Den Ofen auf 200 Grad vorheizen. Ein Backblech mit Backpapier auslegen.
2. Den Parmesan fein reiben.
3. Schnittlauch waschen, abtropfen lassen und in feine Ringe schneiden.
4. Den Kochschinken in kleine Würfel schneiden.
5. Die Eier aufschlagen und trennen. Das Eiweiß in einer Schüssel steif schlagen.
6. Parmesan, Kochschinken und Schnittlauch zu dem Eischnee in die Schüssel geben und zu einer homogenen Masse verarbeiten. Mit Salz und Pfeffer würzen.
7. Aus der Masse vier Kugeln formen, diese auf dem Backblech platzieren und leicht andrücken. Für vier Minuten in den Ofen geben.
8. Mit einer Gabel in die Mitte der Flächen eine Mulde eindrücken und die Eigelbe darauf platzieren. Erneut für

vier Minuten in den Ofen geben. Zum Schluss mit Salz und Pfeffer abschmecken.

Gemüse Omelett mit Tomaten und Paprika

Dauer: 25 Minuten
Portionen: Für 4 Personen

Die Zutaten:

- 2 Zwiebeln
- 4 kleine Paprikaschoten
- 4 Tomaten
- 2 Zweige Thymian
- 2 Knoblauchzehen
- 2 EL Olivenöl
- 4 Eier
- 4 EL saure Sahne
- Mehrere Prisen Salz
- Mehrere Prisen Pfeffer
- 2 Prise Muskatnuss
- 12 Stiele Petersilie

Die Zubereitung:

1. Die Zwiebeln schälen und in feine Würfel schneiden.
2. Die Paprikaschoten waschen, den Strunk entfernen, halbieren, entkernen und in feine Streifen schneiden.
3. Die Tomaten waschen, Strunk entfernen, mit kochendem Wasser übergießen und die Haut abziehen. Die Tomaten halbieren, entkernen und in kleine Würfel schneiden.
4. Thymian waschen, abtropfen lassen, Blättchen abzupfen und fein hacken.
5. Die Knoblauchzehen schälen und halbieren.

6. Eine Pfanne ohne Öl erhitzen und die Knoblauchzehe darauf ausreiben. Anschließend Öl hineingeben und Zwiebelwürfel und Thymian darin bei leichter Hitze glasig andünsten.

7. Nun nach und nach Paprika und Tomaten dazugeben und für fünf Minuten andünsten.

8. In der Zwischenzeit Eier, saure Sahne, Salz, Pfeffer und Muskat in eine Schüssel geben und gut miteinander verquirlen. Die Eiermasse in die Pfanne geben und für sechs Minuten stocken lassen.

9. Petersilie waschen, abtropfen lassen, Blättchen abzupfen und fein hacken. Die gehackte Petersilie über das Omelett streuen und servieren.

Kräuter Omelette

Dauer: 20 Minuten
Portionen: Für 4 Personen

Die Zutaten:

- 4 Frühlingszwiebeln
- 1 Zwiebel
- Eine Handvoll Petersilie
- Eine Handvoll Kerbel
- 4 Eier
- 4 EL kohlensäurehaltiges Mineralwasser
- Mehrere Prisen Salz
- Mehrere Prisen Pfeffer
- 4 TL Butter
- 12 Radieschen
- Etwas Basilikum

Die Zubereitung:

1. Die Frühlingszwiebeln waschen und putzen. Das Grüne der Frühlingszwiebel in feine Ringe, das weiße in feine Würfel schneiden.
2. Die Zwiebel schälen und in feine Würfel schneiden.
3. Die Petersilie waschen, abtropfen lassen, Blättchen abzupfen und fein hacken.
4. Den Kerbel fein hacken.
5. Eier, Mineralwasser, Salz und Pfeffer in eine Schüssel geben und gut miteinander verrühren. Die Kräuter untermischen und wieder gut verrühren.
6. Die Butter in einer Pfanne erhitzen und die Zwiebeln darin glasig andünsten.

7. Anschließend auch die Ringe der Frühlingszwiebel in die Pfanne geben und kurz mit andünsten.
8. Die Eiermasse darüber gießen und für fünf Minuten stocken lassen. Das Omelett für zwei Minuten wenden.
9. Die Radieschen waschen, abtropfen lassen und vierteln.
10. Das Omelette mit Radieschen anrichten und mit etwas Basilikum bestreuen.

Spargel Basilikum Omelett

Dauer: 30 Minuten
Portionen: Für 4 Personen

Die Zutaten:

- 500 g grüner Spargel
- 1 rote Chilischote
- 1 Knoblauchzehe
- 1 Stück Parmesankäse
- 1 Bund Basilikum
- 4 Stiele Petersilie
- 2 EL Olivenöl
- 5 Eier
- Mehrere Prisen Salz
- Mehrere Prisen Pfeffer

Die Zubereitung:

1. Den Spargel waschen und die holzigen Enden abschneiden. Dann in 3 cm lange Stücke schneiden.
2. Die Chilischote waschen, abtropfen lassen, längs halbieren, entkernen und fein hacken.
3. Die Knoblauchzehe schälen und fein hacken.
4. Den Parmesan sehr fein reiben.
5. Das Basilikum waschen, abtropfen lassen, Blättchen abzupfen und fein hacken.
6. Die Petersilie waschen, abtropfen lassen, Blättchen abzupfen und fein hacken.
7. Das Öl in einer Pfanne erhitzen und den Spargel darin für fünf Minuten erhitzen.

8. Anschließend Knoblauch und Chilischote dazugeben und für eine Minute mit anbraten.
9. In der Zwischenzeit die Eier in einer Schüssel aufschlagen und miteinander verquirlen.
10. Die Kräuter und den Parmesan unterrühren und mit Salz und Pfeffer würzen.
11. Die Eiermasse anschließend in die Pfanne geben und für acht Minuten bei leichter Hitze stocken lassen.
12. Das Omelett auf einen großen Teller geben und genießen.

Zucchinipfanne

Dauer: 10 Minuten
Portionen: Für 4 Personen

Die Zutaten:

- 8 Zucchini
- 4 Eier
- 4 Kugeln Mozzarella
- Mehrere Prisen Salz und Pfeffer
- 16 Blätter Basilikum
- 16 Kirschtomaten
- 8 EL Kokosöl

Die Zubereitung:

1. Die Zucchini waschen, die Enden abschneiden, halbieren und in dicke Scheiben schneiden.
2. Das Öl in einer Pfanne erhitzen und die Scheiben von beiden Seiten jeweils kurz anbraten.
3. Die Mozzarellakugeln in kleine Stücke schneiden.
4. Die Tomaten waschen, halbieren und den Strunk entfernen.
5. Das Basilikum waschen, abtropfen lassen und fein hacken.
6. Die Zucchinischeiben mit Salz und Pfeffer würzen und weiterhin in der Pfanne lassen.
7. Die Eier dazugeben und kurz stocken lassen. Die Mozzarellastücke unterrühren und alles gut miteinander vermengen.
8. Auf einem Teller mit den Tomaten anrichten und mit dem Basilikum bestreut servieren.

GEMÜSE-Gerichte

Bunte Gemüsepfanne mit Schafskäse

Dauer: 30 Minuten
Portionen: Für 4 Personen

Die Zutaten:

- 3 kleine Zucchini
- 1 große gelbe Paprikaschote
- 1 große rote Paprikaschote
- 2 große weiße Zwiebeln
- 1 Knoblauchzehe
- 1 Zweig Thymian
- 1 Zweig Rosmarin
- 250 g Kirschtomaten
- 2 EL Olivenöl
- 50 ml Gemüsebrühe
- Mehrere Prisen Salz
- Mehrere Prisen Pfeffer
- 150 g Schafskäse

Die Zubereitung:

1. Die Zucchini schälen, waschen, die Enden abschneiden und in sehr feine Scheiben schneiden.
2. Die Paprikaschoten waschen, den Strunk entfernen, halbieren, entkernen und in feine Streifen schneiden.
3. Die Zwiebeln schälen, halbieren und in feine Streifen schneiden.
4. Die Knoblauchzehe schälen und in sehr dünne Scheiben schneiden.

5. Thymian waschen, abtropfen lassen, Blättchen abzupfen und fein hacken.
6. Rosmarin waschen, abtropfen lassen und fein hacken.
7. Die Kirschtomaten waschen und halbieren.
8. Das Öl in einer Pfanne erhitzen und Zwiebel und Knoblauch darin glasig andünsten.
9. Anschließend Paprika dazugeben und für zwei Minuten mit garen.
10. Nun nach und nach Gemüsebrühe dazu gießen.
11. Zucchini, Thymian und Rosmarin dazugeben und für drei Minuten schmoren lassen.
12. Die Tomaten in die Pfanne geben und alles kräftig umrühren. Für drei Minuten schmoren lassen und gut mit Salz und Pfeffer abschmecken.
13. Den Schafskäse mit den Fingern über der Pfanne zerbröseln, leicht schmelzen lassen. Dann auf Tellern anrichten und genießen.

Gefüllte Mini-Gurke mit Tomatenfrischkäse

Dauer: 15 Minuten
Portionen: Für 4 Personen

Die Zutaten:

- 4 Mini Salatgurke
- 4 TL Sonnenblumenkerne
- 12 Kirschtomaten
- 300 g körniger Frischkäse
- Mehrere Prisen Salz
- Mehrere Prisen Pfeffer
- 8 Stiele Basilikum

Die Zubereitung:

1. Die Gurken schälen, waschen, längs halbieren und entkernen.
2. Eine Pfanne ohne Öl erhitzen und die Sonnenblumenkerne darin goldbraun anrösten.
3. Die Tomaten waschen, halbieren, den Strunk entfernen, entkernen und das Fruchtfleisch in mundgerechte Stücke schneiden.
4. Den körnigen Frischkäse in eine Schüssel geben und die Sonnenblumenkerne und Tomatenstücke hinzufügen.
5. Alles mit Salz und Pfeffer abschmecken.
6. Das Basilikum waschen, abtropfen lassen, Blättchen abzupfen und fein hacken.
7. Die Tomatenmasse in die Gurken füllen, glattstreichen und mit Basilikum garniert genießen.

Grüner Gemüsereistopf mit Endiviensalat

Dauer: 30 Minuten
Portionen: Für 4 Personen

Die Zutaten:

- 2 Knoblauchzehen
- 250 ml Gemüsebrühe
- 70 g Vollkornreis
- 6 Stangen Staudensellerie
- 2 kleine Salatgurken
- 140 g Endiviensalat
- Mehrere Prisen Salz
- Mehrere Prisen Pfeffer
- 1 TL rosa Pfefferkörner

Die Zubereitung:

1. Die Knoblauchzehen schälen und fein hacken.
2. Die Gemüsebrühe in einem Topf zum Kochen bringen und Reis und Knoblauch dazugeben. Bei leichter Hitze für 15 Minuten zugedeckt köcheln lassen.
3. In der Zwischenzeit die Staudensellerie waschen, putzen, entfädeln und in feine Scheiben schneiden.
4. Die Salatgurken waschen, schälen, längs halbieren, entkernen und in mundgerechte Würfel schneiden.
5. Den Endiviensalat waschen, abtropfen lassen und in feine Streifen schneiden.
6. Selleriescheiben und Gurkenstücke zum Reis geben, alles kräftig umrühren und zugedeckt für fünf Minuten bei leichter Hitze garen.

7. Die Endiviensalat Streifen unter den Gemüsereis heben und kurz erhitzen.
8. Mit Salz und Pfeffer würzen.
9. Den rosa Pfeffer mit einem Messer grob zerkleinern und über das Gemüse streuen. Auf Tellern servieren und genießen.

Hirse Gemüsetopf mit Minz-Joghurtsauce

Dauer: 20 Minuten
Portionen: Für 4 Personen

Die Zutaten:

- 60 g Hirse
- 2 kleine Fenchelknollen
- 4 getrocknete Tomaten ohne Öl
- 200 ml Gemüsebrühe
- 2 Frühlingszwiebeln
- 6 Stiele Minze
- 4 EL Joghurt
- Mehrere Prisen Salz
- Mehrere Prisen Pfeffer

Die Zubereitung:

1. Die Hirse mit kaltem Wasser abspülen und abtropfen lassen.
2. Den Fenchel waschen, putzen, die Knolle vierteln, den Strunk entfernen und in feine Streifen schneiden.
3. Die Tomaten waschen, den Strunk entfernen und in feine Streifen schneiden.
4. Die Gemüsebrühe in einem Topf aufkochen lassen und Hirse, Fenchel und Tomaten dazugeben und erneut aufkochen lassen. Bei leichter Hitze für zehn Minuten garen.
5. In der Zwischenzeit die Frühlingszwiebeln schälen, waschen und in sehr feine Ringe schneiden.
6. Die Minze waschen, abtropfen lassen, Blättchen abzupfen und fein hacken. Die gehackte Minze

zusammen mit dem Joghurt vermischen und mit Salz und Pfeffer abschmecken.

7. Die Frühlingszwiebeln zu der Hirse in den Topf geben und nochmals aufkochen. Dann mit dem Minz-Joghurt anrichten.

Ingwer-Chili-Möhren mit Camembert und Harzer Käse

Dauer: 30 Minuten
Portionen: Für 4 Personen

Die Zutaten:

- 8 Möhren
- 2 Stück Ingwer
- 2 Knoblauchzehen
- 2 rote Chilischoten
- 2 Zweige Rosmarin
- 2 Bio Orangen
- 2 EL Olivenöl
- Mehrere Prisen Salz
- Mehrere Prisen Pfeffer
- 2 EL heller Balsamessig
- 1 Bund Petersilie
- 120 g Camembert
- 4 kleine Harzer Käse

Die Zubereitung:

1. Die Möhren schälen, waschen und in mundgerechte Stücke schneiden.
2. Den Ingwer schälen und fein hacken.
3. Die Knoblauchzehen schälen und fein hacken.
4. Die Chilischoten waschen, abtropfen lassen, längs halbieren, entkernen und fein hacken.
5. Den Rosmarin waschen, abtropfen lassen und fein hacken.

6. Die Orangen heiß waschen, trockenreiben und zwei Teelöffel Schale fein abreiben. Anschließend halbieren und den Saft auspressen.
7. Das Öl in einer Pfanne erhitzen und Knoblauch, Ingwer, Chili und Rosmarin darin für eine Minute anbraten.
8. Die Möhren mit dem Orangensaft und dem Orangen-abrieb in die Pfanne geben und für zehn Minuten bei leichter Hitze bissfest garen.
9. Mit Salz, Pfeffer und Balsamessig würzen.
10. Die Petersilie waschen, abtropfen lassen, Blättchen abzupfen und fein hacken.
11. Den Camembert und den Harzer Käse in Scheiben schneiden und dekorativ auf Tellern anrichten.
12. Die Möhren dazugeben, mit Petersilie bestreuen und servieren.

Kohlrabi-Rohkost mit geröstetem Sesam

Dauer: 25 Minuten
Portionen: Für 4 Personen

Die Zutaten:

- 2 Kohlrabi
- Mehrere Prisen Salz
- Mehrere Prisen Pfeffer
- 20 g ungeschälter Sesam
- 1 Bio Zitrone

Die Zubereitung:

1. Kohlrabi schälen, waschen und mit einem Sparschäler in feine Scheiben schneiden. Aus den Scheiben feine Streifen schneiden. Die Streifen in eine Schüssel geben, mit etwas Salz vermischen und für zehn Minuten ziehen lassen.
2. Eine Pfanne ohne Öl erhitzen und den Sesam darin anrösten. Anschließend herausnehmen und abkühlen lassen.
3. Die Zitrone heiß abspülen, trocken tupfen und fein abreiben. Anschließend halbieren und auspressen.
4. Die Kohlrabi Streifen leicht ausdrücken und in einer Schüssel zusammen mit der Zitronenschale und zwei Teelöffeln Zitronensaft mischen.
5. Die Hälfte vom gerösteten Sesam unterheben und mit Pfeffer würzen.
6. Die Kohlrabi Rohkost anrichten, mit dem restlichen Sesam bestreuen und servieren.

Marinierter Spargel mit Möhren

Dauer: 30 Minuten (3 Stunden Ruhezeit)
Portionen: Für 4 Personen

Die Zutaten:

- 500 g weißer Spargel
- 500 g grüner Spargel
- 3 Möhren
- 4 Stiele Petersilie
- 1 Zweig Thymian
- 1 Knoblauchzehe
- 1 Bio Zitrone
- Mehrere Prisen Salz
- 300 ml Gemüsebrühe
- 100 ml Weißweinessig
- 1 Lorbeerblatt
- 8 Pfefferkörner
- 4 EL Olivenöl

Die Zubereitung:

1. Den weißen Spargel schälen, waschen und die holzigen Enden entfernen.
2. Den grünen Spargel waschen und die holzigen Enden entfernen.
3. Die Möhren schälen, waschen und in mundgerechte Stücke schneiden.
4. Die Petersilie waschen, abtropfen lassen, Blättchen abzupfen und fein hacken.
5. Thymian waschen, abtropfen lassen, Blättchen abzupfen und fein hacken.

6. Die Knoblauchzehe schälen und halbieren.
7. Die Zitrone waschen und trockenreiben. Eine Hälfte der Zitrone fein abreiben. Die Zitrone dann halbieren und eine Hälfte in Scheiben schneiden.
8. Die Zitronenscheiben mit 400 ml Salzwasser in einen breiten Topf geben und zum Kochen bringen.
9. Den weißen Spargel und die Möhrenstücke in einen Dämpfeinsatz legen und zugedeckt über dem kochenden Wasser für zehn Minuten dampfgaren.
10. Das Gemüse herausnehmen und in eine flache Auflauf-form geben.
11. Den grünen Spargel ebenfalls für sechs Minuten bissfest dämpfen.
12. Während der Spargel dampfgart, die Gemüsebrühe mit Essig in einen Topf geben.
13. Die Zitronenschale, Thymian, zwei Stiele Petersilie, Knoblauch, Lorbeerblatt, Pfefferkörner und eine große Prise Salz zufügen. Einmal aufkochen und bei kleiner Hitze 15 Minuten köcheln lassen.
14. Den grünen Spargel ebenfalls in die Auflaufform geben.
15. Den Brühe Sud kochend heiß durch ein Sieb über das Gemüse geben und etwas abkühlen lassen. Zugedeckt im Kühlschrank mindestens drei Stunden ziehen lassen.

Schafskäsespieße

Dauer: 30 Minuten (4 Stunden Ruhezeit)
Portionen: Für 4 Personen

Die Zutaten:

- 1 TL Fenchelsaat
- 1 EL heller Sesam
- 1 EL schwarzer Sesam
- 200 g Schafskäse
- 1 Bio Zitrone
- 2 EL Olivenöl
- Mehrere Prisen Salz
- 1 TL grob gemahlener schwarzer Pfeffer
- 4 Stiele Minze
- ½ Salatgurke
- 10 grüne Oliven

Die Zubereitung:

1. Eine Pfanne ohne Öl erhitzen und den Fenchel und beide Sesamsorten darin kurz anrösten. Anschließend herausnehmen und abkühlen lassen.
2. Den Schafskäse abgießen, abtropfen lassen und in mundgerechte Würfel schneiden.
3. Die Zitrone heiß abwaschen und die Schale fein abreiben. Anschließend halbieren und auspressen.
4. Einen Esslöffel Zitronensaft zusammen mit der Fenchel-Sesam-Mischung, dem Zitronenabrieb, Öl, einer Prise Salz und einer Prise Pfeffer in eine Schüssel geben und alles gut miteinander vermengen.

5. Den Schafskäse dazugeben und untermengen. Den Käse für vier Stunden in den Kühlschrank geben und marinieren lassen.

6. Die Minze waschen, abtropfen lassen, Blättchen abzupfen, fein hacken und mit dem Käse vermischen.

7. Die Gurke schälen, halbieren, entkernen und in mundgerechte Würfel schneiden.

8. Die Oliven längs halbieren, entkernen und in Scheiben schneiden.

9. Jetzt abwechselnd Gurkenwürfel, Schafskäse und Olivenscheiben auf Spieße stecken und genießen.

Schupfnudeln mit Rote Bete und Ziegenfrischkäse

Dauer: 75 Minuten (45 Minuten Backzeit)
Portionen: Für 4 Personen

Die Zutaten:

- 800 g frische Schupfnudeln
- 800 g Rote Bete
- 3 Zwiebeln
- 1 TL Bund Thymian
- 1 TL Oregano
- 1 TL Rosmarin
- 5 EL Olivenöl
- 1 Prise Salz
- 1 Prise Pfeffer
- 2 EL Balsamico Essig
- 1 EL Butterschmalz
- 140 g Ziegenfrischkäse

Die Zubereitung:

1. Den Backofen auf 200 Grad vorheizen.
2. Ein Backblech mit Backpapier auslegen.
3. Die Rote Bete waschen, schälen und in Streifen schneiden.
4. Die Zwiebeln schälen und in Würfel schneiden.
5. Die Kräuter waschen, trocken tupfen, abzupfen und fein hacken.
6. Die Rote Bete Streifen zusammen mit den Zwiebeln und den Kräutern in eine Schüssel geben.

7. Das Olivenöl sowie Salz und Pfeffer hinzugeben und alles gut miteinander vermischen.

8. Die Mischung auf das vorbereitete Backblech geben und auf der unteren Schiene im Backofen für 40 Minuten garen.

9. Währenddessen den Esslöffel Butterschmalz in eine Pfanne geben und die Schupfnudeln anbraten, bis sie leicht braun geworden sind.

10. Das Gemüse aus dem Backofen in eine Schüssel geben und mit den zwei Esslöffeln Balsamico beträufeln.

11. Schupfnudeln zusammen mit dem Gemüse auf Tellern anrichten.

12. Zum Schluss den Ziegenfrischkäse mit den Händen zerbröseln und über das Gericht streuen.

Tofu Buletten mit Joghurt Dip

Dauer: 90 Minuten
Portionen: Für 4 Personen

Die Zutaten:
- 400 g Tofu
- 1 Zwiebel
- 1 Möhre
- 1 rote Chilischote
- 50 g Emmentaler
- 4 Stiele Petersilie
- 1 Ei
- 1 Eigelb
- Mehrere Prisen Salz
- Mehrere Prisen Pfeffer
- ½ Zitrone
- 1 Knoblauchzehe
- 3 Stiele Minze
- 150 g Naturjoghurt
- 1 Prise Cayennepfeffer
- 1 EL Rapsöl

Die Zubereitung:
1. Den Tofu auspressen und in mundgerechte Würfel schneiden. Anschließend in ein Küchentuch umwickeln und erneut gut auspressen.
2. Die Zwiebel schälen und fein würfeln.
3. Die Möhre schälen, waschen und in mundgerechte Würfel schneiden. Die Möhrenwürfel zusammen mit den

114

Zwiebelwürfeln und dem Tofu in einen Mixer geben und sehr fein pürieren.

4. Die Chilischote waschen, abtropfen lassen, längs halbieren, entkernen und grob hacken.

5. Den Emmentaler fein reiben.

6. Die Petersilie waschen, abtropfen lassen, Blättchen abzupfen und fein hacken.

7. Petersilie, Emmentaler, Chili, ein Ei und zusätzlich ein Eigelb zur Tofu Masse geben und erneut gut pürieren.

8. Mit Salz und Pfeffer abschmecken. Zugedeckt für eine Stunde in den Kühlschrank geben.

9. In der Zwischenzeit die Zitrone auspressen.

10. Die Knoblauchzehe schälen, sehr fein hacken und in eine Schüssel geben.

11. Die Minze waschen, abtropfen lassen, Blättchen abzupfen, fein hacken und in die Schüssel geben.

12. Den Joghurt und einen Esslöffel Zitronensaft ebenfalls in die Schüssel geben und mit den Gewürzen abschmecken.

13. Die Hände leicht anfeuchten und aus der Tofu-Masse kleine Buletten formen.

14. Das Öl in einer Pfanne erhitzen und die Buletten darin von beiden Seiten jeweils für vier Minuten bei leichter Hitze anbraten. Zusammen mit dem Dip anrichten und genießen.

Tofu Gemüse Curry

Dauer: 40 Minuten
Portionen: Für 4 Personen

Die Zutaten:

- 250 g Brokkoli
- 2 Paprikaschoten
- 1 Zwiebel
- 1 rote Chilischote
- 1 Knoblauchzehe
- 1 Mango
- 200 g Tofu
- 1 EL Öl
- 1 TL gemahlener Kreuzkümmel
- 1 TL Kurkuma
- 1 TL gemahlener Ingwer
- 1 TL gemahlener Koriander
- 200 ml Gemüsebrühe
- 200 ml Kokosmilch
- 1 EL Mandelblättchen
- Mehrere Prisen Salz
- Mehrere Prisen Pfeffer

Die Zubereitung:

1. Den Brokkoli waschen, abtropfen lassen und in Röschen zerkleinern.
2. Die Paprikaschoten waschen, den Strunk entfernen, halbieren, entkernen und in Würfel schneiden.
3. Die Zwiebeln schälen, waschen und in feine Ringe schneiden.

4. Die Chilischote waschen, abtropfen lassen, längs halbieren, entkernen und fein hacken.
5. Die Knoblauchzehe schälen und fein hacken.
6. Die Mango mit einem Sparschäler schälen. Das Fruchtfleisch vom Kern trennen und in Würfel schneiden.
7. Den Tofu trocken tupfen und in mundgerechte Würfel schneiden.
8. Das Öl in einem Topf erhitzen und Kreuzkümmel, Kurkuma, Koriander und Ingwer darin unter Rühren andünsten.
9. Anschließend Paprikaschote, Zwiebelwürfel, Chilischote, Knoblauch und Tofu dazugeben und alles gut anbraten.
10. Sojasauce, Gemüsebrühe und Kokosmilch unterrühren.
11. Brokkoli und Mango dazugeben und zugedeckt bei leichter Hitze für zehn Minuten garen.
12. Die Mandelblättchen in einer Pfanne goldbraun rösten.
13. Das Gemüse Curry salzen und pfeffern, mit den Mandel-blättchen bestreuen und servieren.

Tortilla Pizza

Dauer: 30 Minuten
Portionen: Für 4 Personen

Die Zutaten:

- 4 Tortilla
- 10 EL Tomatensoße
- 2 rote Paprika
- 220 g Cocktailtomaten
- 2 Zucchini
- 200 g Schafskäse
- 1 Prise Salz
- 1 Prise Pfeffer
- 3 TL grünes Pesto
- 2 ½ EL Pinienkerne

Die Zubereitung:

1. Den Backofen auf 220 Grad vorheizen.
2. Ein Backblech mit einem Backpapier belegen.
3. Die Tortillas auf das Backblech legen und mit je 2 EL Tomatensoße bestreichen.
4. Die Paprikaschoten waschen, den Strunk entfernen, halbieren, entkernen und in feine Streifen schneiden.
5. Die Tomaten waschen und halbieren.
6. Die Zucchini waschen, schälen und in dünne Scheiben schneiden.
7. Das Gemüse auf den Tortillas verteilen.
8. Schafskäse abtropfen lassen, in Scheiben schneiden und ebenfalls auf die Tortillas legen.
9. Zum Schluss mit Salz und Pfeffer würzen.

10. Das Backblech für ca. 10 Minuten auf der mittleren Schiene in den Ofen schieben.
11. Die Pinienkerne in einer Pfanne anrösten und dann zusammen mit dem Pesto auf den gebackenen Tortillas verteilen.
12. Die Tortillas in Stücke schneiden, auf Teller verteilen und servieren.

Würziger Gemüse Eintopf

Dauer: 70 Minuten
Portionen: Für 4 Personen

Die Zutaten:

- 4 große Tomaten
- Mehrere Prisen Salz
- Mehrere Prisen Pfeffer
- 1 Stange Lauch
- 2 kleine Zwiebeln
- 1 Knoblauchzehe
- 200 g dicke Bohnen
- 250 g Schneidebohnen
- 4 Stiele Petersilie
- 2 EL Olivenöl
- 250 ml Weißwein
- 1 Lorbeerblatt
- Mehrere Prisen edelsüßes Paprikapulver

Die Zubereitung:

1. Den Ofen auf 200 Grad vorheizen und ein Backblech mit Backpapier auslegen.
2. Die Tomaten waschen, halbieren, den Strunk entfernen, entkernen und in mundgerechte Würfel schneiden. Diese von allen Seiten leicht salzen und pfeffern und auf dem Backblech verteilen. Anschließend für 30 Minuten in den Ofen geben und daraufhin abkühlen lassen.
3. In der Zwischenzeit den Lauch waschen, längs halbieren und in feine Streifen schneiden.

120

4. Die Zwiebeln und eine Knoblauchzehe schälen und fein hacken.
5. Die dicken Bohnen mit kochendem Wasser übergießen, kurz stehen lassen und anschließend abgießen. Dann die Kerne aus den Hülsen drücken.
6. Die Schneidebohnen waschen, abtropfen lassen und in 1 cm breite Stücke schneiden.
7. Die Petersilie waschen, abtropfen lassen, Blättchen abzupfen und fein hacken.
8. Einen Esslöffel Olivenöl in einem Suppentopf erhitzen und Lauch, Zwiebeln und Knoblauch darin für acht Minuten glasig andünsten.
9. Anschließend mit Weißwein aufgießen und für fünf Minuten bei mittlerer Hitze köcheln lassen.
10. Tomaten, gehackte Petersilie und Lorbeerblatt in den Topf geben. So viel Wasser zugießen, dass das Gemüse 1 cm mit Flüssigkeit bedeckt wird. Alles aufkochen lassen und für zehn Minuten bei leichter Hitze zugedeckt garen.
11. Im Anschluss Bohnen und Bohnenkerne dazugeben und für weitere 15 Minuten garen lassen.
12. Den Eintopf mit den Gewürzen abschmecken und servieren.

FLEISCH-Gerichte

Hackfleischtopf – herzhaft und leicht

Dauer: 60 Minuten (Vorbereitungszeit 10 Minuten)
Portionen: Für 4 Personen

Die Zutaten:

- 2 EL Sonnenblumenöl
- 450 g Rinderhackfleisch
- 1 kleine Zwiebel
- 1 rote Paprika
- 1 Dose Mais
- 200 g gehackte Tomaten
- 2 TL Thymian
- 300 ml Rindfleischbrühe
- 1 Prise Salz
- 1 Prise Pfeffer

Die Zubereitung:

1. Das Sonnenblumenöl in einem Topf erhitzen.
2. Das Rinderhackfleisch darin unter Rühren anbraten, bis es gebräunt ist.
3. Die Zwiebel in kleine Würfel schneiden.
4. Die Paprika waschen, entkernen und in kleine Stücke schneiden.
5. Den Mais abtropfen lassen.
6. Zwiebelwürfel, Paprikastücke, Mais, gehackte Tomaten und die zwei Teelöffel Thymian zum angebratenen Hackfleisch dazugeben.

7. Die Rindfleischbrühe dazugeben und alles zusammen zum Kochen bringen. Dabei regelmäßig umrühren.
8. Die Hitze reduzieren und den Topf (mit Deckel) ca. 50 Minuten leicht köcheln lassen. Ab und zu umrühren.
9. Zum Schluss mit Salz und Pfeffer abschmecken.

Hähnchenbrustfilets mit Käse

Dauer: 40 Minuten
Portionen: Für 4 Personen

Die Zutaten:

- 500 g Hähnchenbrustfilets
- 2 Knoblauchzehen, fein gehackt
- 4 EL Butter
- 200 g Pesto Calabrese
- 100 g saure Sahne
- 300 g Fetakäse
- 16 EL schwarze Oliven, entkernt
- 2 EL Olivenöl
- Mehrere Prisen Salz
- Mehrere Prisen Pfeffer

Die Zubereitung:

1. Den Ofen auf 200 Grad vorheizen.
2. Die Hähnchenbrustfilets in mundgerechte Stücke schneiden.
3. Die Knoblauchzehen schälen und fein hacken.
4. Die Butter in einer Pfanne erhitzen und den Knoblauch darin glasig andünsten.
5. Die Hähnchenbrustfilets dazugeben und mit Salz und Pfeffer abschmecken und von beiden Seiten goldbraun anbraten.
6. Das Pesto mit der sauren Sahne in einer Schüssel vermischen.

7. Die Hähnchenbrustfilet hineinlegen und mischen. Dann die halbierten Oliven und Fetakäse dazugeben und wieder gut durchmischen.
8. Die Hähnchenbrustfilets mit der Sauce in eine gefettete Auflaufform geben und für 30 Minuten im Backofen garen.

Hähnchen Couscous mit Avocado

Dauer: 35 Minuten
Portionen: Für 4 Personen

Die Zutaten:

- 1 rote Zwiebel
- 2 EL Olivenöl
- 300 g Couscous
- 600 ml Gemüsebrühe, heiß
- 4 Hähnchenbrustfilets
- 1 Prise Salz
- 1 Prise Pfeffer
- 1 Bund Petersilie
- 2 Avocados
- 50 g schwarze Oliven, entkernt
- 1 EL Zitronensaft

Die Zubereitung:

1. Die Zwiebel schälen und in feine Würfel schneiden.
2. 1 Esslöffel Öl in einem Topf erhitzen und die Zwiebel-würfel darin glasig andünsten.
3. Couscous dazugeben, vermischen und anschließend mit der Gemüsebrühe ablöschen. Bei leichter Hitze für zehn Minuten köcheln lassen.
4. In der Zwischenzeit Hähnchenbrustfilets waschen, trocken tupfen und in Streifen schneiden. Beide Seiten jeweils mit Salz und Pfeffer einreiben.
5. Das Öl in einer Pfanne erhitzen und die Hähnchen-bruststreifen von beiden Seiten knusprig anbraten.

6. Die Petersilie waschen, abtropfen lassen, Blätter abzupfen und fein hacken.
7. Die Avocados schälen, halbieren, entkernen und das Fruchtfleisch in mundgerechte Stücke schneiden.
8. Die Oliven grob hacken und mit den Avocados, der Petersilie und dem Couscous in eine Schüssel geben und miteinander vermengen.
9. Mit Zitronensaft, Salz und Pfeffer abschmecken.
10. Couscous auf Teller verteilen und mit den Hähnchenbruststreifen anrichten.

Putenhackbällchen mit Paprika

Dauer: 40 Minuten
Portionen: Für 4 Personen

Die Zutaten:

- 1 rote Paprikaschote
- 1 Zwiebel
- 1 Knoblauchzehe
- 6 Stiele Petersilie
- 400 g Putenhackfleisch
- 2 TL Semmelbrösel
- 3 EL Magerquark
- Mehrere Prisen Salz
- Mehrere Prisen Pfeffer
- Mehrere Prisen Cayennepfeffer
- 1 EL Rapsöl

Die Zubereitung:

1. Die Paprikaschote waschen, Strunk entfernen, halbieren, entkernen und in sehr feine Würfel schneiden.
2. Die Zwiebel schälen und fein würfeln.
3. Die Knoblauchzehe schälen und fein hacken.
4. Die Petersilie waschen, abtropfen lassen, Blättchen abzupfen und fein hacken.
5. Paprikawürfel, Zwiebelwürfel, Knoblauch und Petersilie zusammen mit dem Putenhackfleisch, den Semmelbröseln und dem Magerquark in eine Schüssel geben und gut miteinander vermengen.
6. Mit Salz, Pfeffer und Cayennepfeffer würzen.

128

7. Die Hände leicht anfeuchten und aus der Masse kleine Kugeln formen und diese beiseitestellen.

8. Öl in einer Pfanne erhitzen und die Kugeln darin für zehn Minuten jeweils anbraten und auf einem Küchenpapier abtropfen lassen.

Putenrouladen mit Linsenfüllung

Dauer: 90 Minuten
Portionen: Für 4 Personen

Die Zutaten:

- 1 Zwiebel
- 1 Knoblauchzehe
- 250 ml Gemüsebrühe
- 75 g gelbe Linsen
- 1 TL Currypulver
- 1 Salatgurke
- 100 g Naturjoghurt
- Mehrere Prisen Salz
- Mehrere Prisen Pfeffer
- 4 Stiele Petersilie
- 8 dünne Putenschnitzel
- 1 EL Rapsöl

Die Zubereitung:

1. Die Zwiebel und die Knoblauchzehe schälen und in feine Würfel schneiden.
2. Die Gemüsebrühe in einem Topf aufkochen.
3. Zwiebelwürfel, Knoblauch und Linsen dazugeben und für zwei Minuten köcheln lassen.
4. Anschließend das Currypulver hinzufügen, den Topf zudecken und bei leichter Hitze für 25 Minuten garen.
5. Dann den Inhalt in eine Schüssel umfüllen und für 20 Minuten abkühlen lassen.
6. In der Zwischenzeit die Gurke schälen, waschen, längs halbieren und in Stücke schneiden.

7. Den Joghurt und die Gurkenstücke in einen Mixer geben und fein pürieren. Mit Salz abschmecken.

8. Die Petersilie waschen, abtropfen lassen, Blättchen abzupfen und fein hacken.

9. Die Currylinsen mit einer Gabel fein zerdrücken und mit Salz und Pfeffer abschmecken.

10. Die Putenschnitzel waschen, trocken tupfen und von beiden Seiten leicht salzen.

11. Die Linsenfüllung auf den Putenschnitzeln verteilen und mit Petersilie bestreuen. Die Schnitzel aufrollen und mit einem Zahnstocher fixieren.

12. Das Öl in einer Pfanne erhitzen und die Rouladen darin von allen Seiten kurz anbraten. Die Hitze leicht reduzieren und die Rouladen zugedeckt für 15 Minuten garen lassen. Daraufhin vom Herd nehmen und abkühlen lassen.

13. Den Gurkenjoghurt mit den Rouladen zusammen servieren und genießen.

Putenroulade auf Spargelsalat

Dauer: 35 Minuten
Portionen: Für 4 Personen

Die Zutaten:

- 1000 g grüner Spargel
- 4 kleines Putenschnitzel
- 2 TL Wasabi Paste
- 300 ml Gemüsebrühe
- Mehrere Prisen Salz
- 2 TL rosa Pfefferkörner
- 1 große Zitrone
- 20 Halme Schnittlauch

Die Zubereitung:

1. Spargel waschen und abtropfen lassen. Das untere Drittel schälen und die Enden abschneiden. In mundgerechte Scheiben schneiden.
2. Putenschnitzel waschen, trocken tupfen und mit einer dünnen Schicht Wasabi bestreichen. Anschließend einrollen und mit einem Zahnstocher fixieren.
3. Die Gemüsebrühe in einem Topf zum Kochen bringen und die Spargelstücke hineingeben.
4. Nach einer Minute auch die Puten Rouladen hinzufügen und alles zugedeckt bei leichter Hitze für fünf Minuten garen.
5. In der Zwischenzeit die Pfefferkörner mit einem Messer leicht zerdrücken.

6. Die Rouladen und die Spargelstücke mit einer Schaumkelle aus dem Topf nehmen. Die Rouladen auf einen Teller legen. Den Spargel in eine Schüssel geben.
7. Zitrone auspressen und vier Esslöffel Zitronensaft zusammen mit den Pfefferkörnern in die Brühe geben. Anschließend zum Spargel geben, alles gut vermischen und für 20 Minuten ziehen lassen.
8. Schnittlauch waschen, abtropfen lassen und fein hacken. Unter den Salat mischen und alles mit Salz abschmecken.
9. Den Zahnstocher aus der Putenroulade entfernen und die Roulade in Scheiben schneiden und auf dem Spargelsalat anrichten.

Putenstreifen mit Brokkoli Zitronen Sauce

Dauer: 20 Minuten
Portionen: Für 4 Personen

Die Zutaten:

- 600 g Putenbrust
- 800 g Brokkoli
- Mehrere Prisen Salz
- Mehrere Prisen Pfeffer
- 1 Bio Zitrone
- 2 Knoblauchzehen
- 3 Stiele Petersilie
- 2 EL Sesamöl

Die Zubereitung:

1. Die Putenbrust unter kaltem Wasser waschen, trocken tupfen und in Streifen schneiden.
2. Den Brokkoli waschen, abtropfen lassen und in Röschen zerkleinern.
3. Einen Topf mit Salzwasser zum Kochen bringen und die Brokkoli Röschen darin für fünf Minuten garen.
4. Die Zitrone heiß waschen, trockenreiben, die Schale in Zesten abziehen und den Saft auspressen.
5. Die Knoblauchzehen schälen, waschen und sehr fein hacken.
6. Die Petersilie waschen, abtropfen lassen, Blättchen abzupfen und fein hacken.
7. Das Öl in einer Pfanne erhitzen und die Putenbruststreifen darin für drei Minuten goldbraun anbraten. Mit Salz und Pfeffer abschmecken.

8. Zum Schluss mit Zitronensaft ablöschen und den Brokkoli, die Zitronenzesten und den Knoblauch dazugeben. Kurz ziehen lassen, dann die Petersilie zufügen und mit Salz abschmecken.

Rehrücken mit Kräuter Nuss Kruste und Kürbispüree

Dauer: 75 Minuten
Portionen: Für 4 Personen

Die Zutaten:

- 2 Eigelbe
- 8 Zweige Thymian
- 2 Stiele Petersilie
- 50 g Haselnusskerne
- 50 g Butter
- Mehrere Prisen Salz
- 4 EL Semmelbrösel
- 1 Prise schwarzer Pfeffer
- 1 Kürbis
- 2 EL Olivenöl
- 4 Rehrückenfilets
- 1 Möhre
- 1 Stück Knollensellerie
- 2 kleine Zwiebeln
- 1 EL Tomatenmark
- 175 ml Rotwein
- 300 ml Wildfond aus dem Glas
- 30 g Amarettini
- 70 g italienische Senffrucht aus dem Glas
- 125 ml Milch
- 1 TL Speisestärke

Die Zubereitung:

1. Den Ofen auf 200 Grad vorheizen. Ein Backblech mit Backpapier auslegen.
2. Thymian waschen, abtropfen lassen und von vier Zweigen Blättchen abzupfen und fein hacken.
3. Die Petersilie waschen, abtropfen lassen, Blättchen abzupfen und fein hacken.
4. Die Haselnusskerne grob hacken.
5. Die Butter in kleine Stücke schneiden und mit einer Prise Salz in eine Schüssel geben und cremig aufschlagen.
6. Die Eigelbe unter die Masse rühren und gut vermischen.
7. Anschließend gehackte Nüsse, Kräuter und Semmelbrösel unterheben und mit Pfeffer würzen.
8. Etwas Frischhaltefolie auf dem Tisch ausbreiten und die Masse darauf mit einem Nudelholz dünn ausrollen. Anschließend für 30 Minuten in den Kühlschrank geben.
9. Den Kürbis halbieren, entkernen, schälen und das Fruchtfleisch in mundgerechte Stücke schneiden. In eine Schüssel geben, mit etwas Salz und einem Esslöffel Öl vermischen und dann auf dem Backblech verteilen. Für 40 Minuten in den Ofen geben und dann abkühlen lassen.
10. In der Zwischenzeit Rehrücken von Fett, Häuten und Sehnen befreien. Die Abschnitte beiseitelegen (diese werden später noch verwendet). Die Filets waschen, trocken tupfen und auch beiseitestellen.
11. Die Möhre schälen, waschen und in sehr feine Würfel schneiden.
12. Die Zwiebel schälen und ebenfalls in sehr feine Würfel schneiden.
13. Den Sellerie waschen, abtropfen lassen und fein würfeln.

14. Das Öl in einer Pfanne erhitzen und die Filets von beiden Seiten scharf anbraten. Anschließend herausnehmen, von beiden Seiten salzen und auf ein Backblech geben.

15. Die Abschnitte des Fleischs, Möhren-, Zwiebel- und Selleriewürfel in die Pfanne geben und für sechs Minuten bei leichter Hitze anrösten. Anschließend Tomatenmark dazugeben und alles mit Rotwein ablöschen. Anschließend den Wein um 2/3 einkochen lassen.

16. Im Anschluss den Wildfond zugießen und nochmals um 2/3 einkochen lassen. Die Sauce durch ein feines Sieb geben, mit Salz und Pfeffer würzen und dann beiseitestellen.

17. Die Amarettini zerbröseln.

18. Senffrüchte abtropfen lassen, dabei ein Esslöffel Senfsirup auffangen. Die Senffrüchte hacken.

19. Den gerösteten Kürbis in einen Topf geben.

20. Den Rehrücken für 15 Minuten in den Ofen geben und daraufhin für zehn Minuten abkühlen lassen.

21. Die gut gekühlte Buttermischung in vier Stücke schneiden, die etwa so groß sind wie die Rehfilets. Das Fleisch damit belegen und unter dem Backofengrill auf der mittleren Schiene für vier Minuten überbacken.

22. Inzwischen die Sauce aufkochen. Die Stärke in etwas kaltem Wasser glattrühren und in die Sauce rühren.

23. Die Milch in einen Topf geben und bis kurz vor dem Kochen erhitzen.

24. Heiße Milch, Amarettini und Senffrüchte zum Kürbis geben. Mit einem Stabmixer pürieren, salzen und pfeffern.

25. Das Kürbispüree mit Fleisch und Sauce anrichten, mit dem restlichen Thymian garnieren und servieren.

Schnelle Hähnchenschnitzel mit gerösteten Tomaten

Dauer: 15 Minuten
Portionen: Für 4 Personen

Die Zutaten:

- 6 Fleischtomaten
- 2 Bund Petersilie
- 2 große Schalotten
- 500 g Hähnchenbrustfilet
- Mehrere Prisen Salz
- Mehrere Prisen Pfeffer
- 2 EL Rapsöl
- 200 ml Marsala
- 200 ml Geflügelbrühe

Die Zubereitung:

1. Die Tomaten waschen, halbieren, den Strunk entfernen und entkernen.
2. Die Petersilie waschen, abtropfen lassen, Blättchen abzupfen und fein hacken.
3. Die Schalotten schälen und fein würfeln.
4. Die Hähnchenbrust waschen, trocken tupfen, in feine Scheiben schneiden und plattieren.
5. Eine Pfanne ohne Öl erhitzen und die Tomaten an der Schnittfläche ohne Fett bei starker Hitze anbraten und anschließend herausnehmen.
6. Das Öl in derselben Pfanne erhitzen und die Hähnchen darin von beiden Seiten jeweils für eine Minute scharf anbraten. Anschließend herausnehmen und dafür

Tomaten und Schalotten Würfel hinzufügen und ebenfalls für eine Minute anbraten.

7. Erst Marsala, dann die Brühe hinzufügen und für zwei Minuten bei leichter Hitze köcheln lassen.

8. Die Hähnchenbrustschnitzel mit der Petersilie kurz in der Pfanne erwärmen und mit Salz und Pfeffer würzen.

Schweinefilet in Paprikasahne

Dauer: 35 Minuten
Portionen: Für 4 Personen

Die Zutaten:

- 650 g Schweinefilet
- 2 EL Sonnenblumenöl
- 25 g Butter
- 1 Zwiebel
- 1 EL Paprikapulver, edelsüß
- 25 g Mehl
- 300 ml Gemüsebrühe
- 120 g Champignons
- 150 g saure Sahne
- 1 Prise Salz
- 1 Prise Pfeffer

Die Zubereitung:

1. Das Schweinefilet waschen, trocken tupfen und in Würfel schneiden.
2. Das Öl zusammen mit der Butter in einem großen Topf erhitzen.
3. Die Schweinefiletwürfel darin anbraten, bis sie von allen Seiten braun sind. Das Fleisch aus dem Topf nehmen, auf einen Teller legen und beiseitestellen
4. Die Zwiebel schälen und in Würfel schneiden. In dem Topf andünsten, bis sie weich sind.
5. Paprikapulver und Mehl zu den Zwiebeln in den Topf geben und unterrühren anschwitzen.

6. Nach ca. 2 Minuten die Gemüsebrühe hinzugeben und alles zum Kochen bringen.
7. Das Fleisch zurück in den Topf geben.
8. Die Champignons in dünne Scheiben schneiden und ebenfalls in den Topf geben.
9. Den Topf (mit Deckel) bei leichter Hitze ca. 20 Minuten köcheln lassen.
10. Zum Schluss die saure Sahne hinzugeben und das Gericht mit Salz und Pfeffer abschmecken.

Zucchiniauflauf mit Rinderhack

Dauer: 30 Minuten
Portionen: Für 4 Personen

Die Zutaten:

- 400 g Rinderhackfleisch
- 4 Zucchini
- 2 Tomaten
- 2 Kugeln Mozzarella
- 140 g Crème fraîche
- Mehrere Prisen Salz und Pfeffer
- 2 EL Basilikum

Die Zubereitung:

1. Den Ofen auf 180 Grad vorheizen und eine Auflaufform bereitstellen.
2. Den Mozzarella abtropfen lassen und in feine Streifen schneiden.
3. Das Hackfleisch in der Pfanne krümelig anbraten.
4. Mit Salz und Pfeffer würzen.
5. In der Zwischenzeit die Zucchini waschen, Enden abschneiden und in mundgerechte Würfel schneiden.
6. Die Tomaten waschen, den Strunk entfernen und in Scheiben schneiden.
7. Alles wie folgt in eine Auflaufform schichten: Hackfleisch, Zucchini, Crème fraîche, Tomaten, Salz, Pfeffer, gehacktes Basilikum und oben drauf die Mozzarella-streifen.
8. Für zehn Minuten in den Ofen geben und dann genießen.

FISCH-Gerichte

Gedünstete Lachssteaks

Dauer: 70 Minuten (30 Minuten Ruhezeit)
Portionen: Für 4 Personen

Die Zutaten:

- 8 Stiele Petersilie
- 4 Stiele Estragon
- 2 Frühlingszwiebeln
- 4 EL Kapern
- 50 g grüne Oliven
- 1 Zitrone
- 4 EL Olivenöl
- Mehrere Prisen Salz
- Mehrere Prisen Pfeffer
- 2 rote Zwiebeln
- 2 Möhren
- 2 Fenchelknollen
- 250 ml Weißwein
- 10 Pfefferkörner
- 2 Lorbeerblatt
- 4 Gewürznelken
- 4 Lachssteaks

Die Zubereitung:

1. Petersilie und Estragon waschen, abtropfen lassen, Blättchen abzupfen und fein hacken.
2. Die Frühlingszwiebeln schälen, waschen und in feine Ringe schneiden.

3. Die Kapern abtropfen lassen und fein hacken.
4. Die Oliven längs halbieren, entkernen und fein hacken.
5. Die Zitrone auspressen und einen Esslöffel Zitronensaft entnehmen.
6. Diese Zutaten gemeinsam mit Öl, Salz und Pfeffer in eine Schüssel geben und gut miteinander vermengen. Anschließend zugedeckt für 30 Minuten stehen lassen.
7. In der Zwischenzeit die Zwiebeln schälen und fein würfeln.
8. Die Möhren schälen, waschen und in feine Scheiben schneiden.
9. Den Fenchel putzen, waschen und in feine Scheiben schneiden.
10. Das Gemüse mit Weißwein, Pfefferkörnern, Lorbeerblättern und Nelken in einen Topf geben. Mindestens 2 Liter Wasser auffüllen, leicht salzen und zum Kochen bringen.
11. Anschließend die Lachssteaks dazugeben und die Hitze reduzieren. Den Lachs für zwölf Minuten zugedeckt köcheln lassen. Daraufhin den Fisch aus dem Sud nehmen und auf Teller geben.
12. Den Sud durch ein Sieb gießen und das Gemüse mit der Sauce zum Lachs servieren.

Lachsfilet mit Safranbutter

Dauer: 40 Minuten
Portionen: Für 4 Personen

Die Zutaten:

- 5 Schalotten
- 3 Stiele Petersilie
- 3 Stiele Estragon
- 3 Stiele Dill
- 1 Zitrone
- 1 Döschen Safranfäden
- 50 g Joghurtbutter
- Mehrere Prisen Salz
- Mehrere Prisen Pfeffer
- 4 Lachsfilets
- 2 TL Olivenöl
- 80 ml Gemüsebrühe

Die Zubereitung:

1. Den Ofen auf 200 Grad vorheizen.
2. Die Schalotten schälen und in feine Ringe schneiden.
3. Petersilie, Estragon und Dill waschen, abtropfen lassen, Blättchen abzupfen und fein hacken.
4. Die Zitrone heiß abwaschen, trockenreiben und die Hälfte der Schale fein abreiben. Anschließend halbieren und auspressen.
5. Die Safranfäden mit den Fingern über einer Schüssel klein zerbröseln. Zwei Esslöffel Zitronensaft, Zitronen- abrieb, Butter, Salz und Pfeffer in die Schüssel geben

und alles gut miteinander verrühren. In den Kühlschrank stellen und kühlen lassen.

6. Die Lachsfilets waschen, trocken tupfen und von beiden Seiten leicht salzen und pfeffern. Vier Alufolienstücke bereitstellen, diese mit etwas Öl bepinseln und Schalotten, Kräuter und je ein Lachsfilet in die Mitte der Folienstücke geben. Die Safranbutter in kleine Stücke teilen, über den Lachfilets verteilen und die Seitenränder der Folie hochklappen.

7. 20 ml Gemüsebrühe in die Folien zugeben und anschließend fest verschließen. Für zwölf Minuten in den Ofen geben und anschließend genießen.

Lachssteaks mit Lauch

Dauer: 30 Minuten
Portionen: Für 4 Personen

Die Zutaten:

- 8 dünne Lachssteaks
- Mehrere Prisen Salz
- Mehrere Prisen Pfeffer
- 2 EL Pflanzenöl
- 800 g Lauch
- 1 Handvoll Petersilie
- 2 EL Butter
- 1 EL Zitronensaft

Die Zubereitung:

1. Die Lachssteaks waschen, trocken tupfen und mit Salz und Pfeffer würzen.
2. Das Öl in einer Pfanne erhitzen und die Lachssteaks von beiden Seiten für jeweils drei Minuten anbraten.
3. Den Lauch putzen, waschen und in feine Ringe schneiden.
4. Die Petersilie waschen, abtropfen lassen, Blättchen abzupfen und fein hacken.
5. Die Butter in einer Pfanne erhitzen und die Lauchringe darin für vier Minuten bissfest garen.
6. Die Petersilie dazugeben und alles mit Salz, Pfeffer und Zitronensaft abschmecken.
7. Das Gemüse auf den Tellern verteilen und mit den Lachssteaks zusammen genießen.

Seelachs Bohnen Pfanne

Dauer: 30 Minuten
Portionen: Für 4 Personen

Die Zutaten:

- 12 Kirschtomaten
- 4 Seelachsfilets
- 2 EL Öl
- 400 g Bohnen
- Mehrere Prisen Salz
- Mehrere Prisen Pfeffer
- 200 g Naturjoghurt
- 4 TL Currypaste
- 4 EL Tomatenmark
- 2 EL Sojasauce
- 2 EL Basilikum

Die Zubereitung:

1. Die Tomaten waschen, halbieren, den Strunk entfernen und würfeln.
2. Die Seelachsfilets waschen, trocken tupfen und in mund-gerechte Stücke schneiden.
3. Das Öl in einer Pfanne erhitzen und den Seelachs darin von beiden Seiten anbraten.
4. In der Zwischenzeit die Bohnen abtropfen lassen.
5. Die Tomaten und die abgetropften Bohnen dazugeben und für fünf Minuten mit anbraten. Mit Salz und Pfeffer abschmecken.
6. Den Naturjoghurt, die Currypaste, das Tomatenmark und die Sojasauce in eine Schüssel geben und zu einer

Creme verarbeiten. Die Sauce über den Fisch und das Gemüse geben und für zehn Minuten bei leichter Hitze köcheln lassen.

7. Das Basilikum waschen, abtropfen lassen und fein hacken. Über das Gericht streuen und warm servieren.

Seeteufel Schnitzel mit gelben Tomaten

Dauer: 35 Minuten
Portionen: Für 4 Personen

Die Zutaten:

- 28 gelbe Kirschtomaten
- 50 g Kapern aus dem Glas
- 2 Schalotten
- 8 Stiele Petersilie
- 1 Zitrone
- 1 Orange
- 2 TL Koriandersamen
- 10 schwarze Pfefferkörner
- 150 g Seeteufel Filet
- 4 EL Olivenöl
- Mehrere Prisen Salz
- Mehrere Prisen Pfeffer
- 250 ml Fischfond

Die Zubereitung:

1. Die Kirschtomaten waschen, halbieren und entkernen.
2. Die Kapern abgießen, abtropfen lassen und grob hacken.
3. Die Schalotten schälen und sehr fein würfeln.
4. Die Petersilie waschen, abtropfen lassen, Blättchen abzupfen und fein hacken.
5. Die Zitrone und die Orange halbieren und auspressen.
6. Den Koriandersamen und die Pfefferkörner in einem Mörser grob zerstoßen.

7. Das Seeteufel Filet waschen, trocken tupfen und in mundgerechte Scheiben schneiden. Diese Scheiben dann plattieren und in den Gewürzen aus dem Mörser wenden.

8. Das Öl in einer Pfanne erhitzen und die Scheiben darin von beiden Seiten jeweils für eine Minute anbraten. Anschließend herausnehmen und mit Salz und Zitronensaft abschmecken.

9. Die Tomaten und die Schalotten Würfel in die Pfanne geben und für eine halbe Minute andünsten. Daraufhin Fischfond und 50 ml Orangensaft in die Pfanne geben, verrühren und gut abschmecken.

10. Die Kapern dazugeben, kurz aufkochen und bei mittlerer Hitze für drei Minuten kochen lassen.

11. Den Fisch und die gehackte Petersilie in die Pfanne geben und kurz erhitzen.

12. Zum Schluss mit Salz und Pfeffer würzen und sofort servieren.

Zander Tomaten Pfanne

Dauer: 20 Minuten
Portionen: Für 4 Personen

Die Zutaten:

- 2 Schalotten
- 300 g Kirschtomaten
- 700 g Zanderfilet
- Mehrere Prisen Salz
- Mehrere Prisen Pfeffer
- 3 EL Mehl
- 2 EL Olivenöl
- 125 ml Gemüsebrühe
- 200 ml Sojacreme
- 3 EL körniger Senf
- 2 Stiele Dill

Die Zubereitung:

1. Die Schalotten schälen und in sehr feine Würfel schneiden.
2. Die Kirschtomaten waschen und halbieren.
3. Das Zanderfilet waschen, trocken tupfen und in mundgerechte Stücke schneiden. Die Fischstücke von allen Seiten mit Salz würzen und in etwas Mehl wälzen.
4. Das Öl in einer Pfanne erhitzen und den Fisch darin für zwei Minuten anbraten. Anschließend herausnehmen und abkühlen lassen.
5. Die Schalotten Würfel und die Tomaten in die Pfanne geben und ebenfalls kurz anbraten.

6. Die Gemüsebrühe und die Sojacreme dazugeben und für zwei Minuten bei leichter Hitze kochen lassen.
7. Den Senf in die Sauce rühren.
8. Den Fisch wieder in die Pfanne geben und für eine Minute mitkochen.
9. Mit Salz und Pfeffer würzen.
10. Den Dill waschen, abtropfen lassen, Fähnchen abzupfen und über den Fisch streuen.

EIS, NACHSPEISEN UND SNACKS

Bananen-Erdbeereis

Dauer: 15 Minuten Zubereitung (3 Stunden Vorlaufzeit)

Portionen: Für 4 Personen

Die Zutaten:

- 4 Bananen
- 600 g TK-Erdbeeren
- 6 EL Sojajoghurt
- 2 EL Kokosflocken

Die Zubereitung:

1. Die Bananen schälen und in Stücke schneiden. In eine Gefrierdose geben und für mindestens 3 Stunden in das Eisfach stellen.
2. Die gefrorenen Erdbeeren zusammen mit den gefrorenen Bananenstücken und dem Sojajoghurt in einen Mixer geben. Die Masse so lange pürieren, bis sie cremig ist.
3. Die Kokosflocken dazugeben und noch einmal gut vermengen.
4. Das Eis auf Schüsselchen verteilen und direkt genießen.

Erdbeereis

Dauer: 15 Minuten Zubereitung (5 Stunden Kühlzeit)
Portionen: Für 4 Personen

Die Zutaten:

- 700 g Erdbeeren
- ½ Zitrone
- ½ TL Zimt
- 4 Eigelb (von ganz frischen Eiern)
- 600 ml Sahne

Die Zubereitung:

1. Die Erdbeeren waschen und den Strunk entfernen. Die Erdbeeren vierteln und in eine Schüssel geben.
2. Die Zitrone halbieren und eine Hälfte auspressen. Den Zitronensaft und den Zimt zu den Erdbeeren geben und alles gut pürieren.
3. Die Sahne in eine separate Schüssel geben und steif schlagen.
4. Die Eier trennen. Die vier Eigelbe zu der Erdbeer-Masse geben und gut verrühren.
5. Jetzt die geschlagene Sahne vorsichtig unter die Erdbeermasse heben.
6. Im Anschluss die homogene Masse in Eisförmchen füllen und mindestens 5 Stunden im Eisfach gefrieren lassen.
7. Vor dem Verzehr kurz antauen lassen und dann das zuckerfreie Erdbeereis genießen.

Knuspriges Müsli

Dauer: 45 Minuten (30 Minuten Backzeit)
Portionen: auf Vorrat

Die Zutaten:

- 500 g kernige Haferflocken
- 150 g Sonnenblumenkerne
- 50 g Kürbiskerne
- 200 g Kokosöl

Die Zubereitung:

1. Den Backofen auf 120°C (Umluft) vorheizen.
2. Ein Backblech mit Backpapier auslegen.
3. Das Kokosöl in einen Topf geben und erwärmen, so dass es flüssig wird.
4. Haferflocken, Sonnenblumenkerne und Kürbiskerne in eine Schüssel geben und gut vermischen.
5. Das flüssige Kokosöl dazugeben und alle Zutaten gut miteinander vermengen.
6. Die Mischung gleichmäßig auf dem Backblech verteilen und auf der mittleren Ebene für ca. 30 Minuten in den Backofen geben, bis es goldbraun geworden ist. Zwischendurch das Müsli mit einem Holzlöffel hin und wieder wenden.
7. Das Backblech aus dem Backofen nehmen und einige Minuten abkühlen lassen.
8. Das Müsli dann in eine Schüssel geben und bis zum vollständigen auskühlen offen stehen lassen. Hin und wieder umrühren.

Kokos-Eis

Dauer: 15 Minuten Zubereitung (5 Stunden Kühlzeit)
Portionen: Für 4 Personen

Die Zutaten:

- 400 ml Kokosmilch
- 200 g Kokosflocken
- Mark 1 Vanilleschote
- 400 ml Sahne

Die Zubereitung:

1. Die Kokosmilch mit den Kokosflocken in eine Schüssel geben.
2. Die Vanilleschote aufschneiden, das Mark herauskratzen und zu der Kokosmilch geben.
3. Die Sahne in eine separate Schüssel geben und steif schlagen.
4. Im Anschluss die Sahne vorsichtig unter die Kokosmasse heben, bis alles gut verrührt ist.
5. Die homogene Masse in Eisförmchen geben und für mindestens 5 Stunden einfrieren.
6. Vor dem Verzehr kurz antauen lassen und dann das Kokos-Eis genießen.

Mango Mandel Würfel

Dauer: 20 Minuten (1 Tag vorher zubereiten)
Portionen: Für 30 Stück

Die Zutaten:

- 100 g getrocknete Mango
- 50 g gehackte Mandeln
- 1 EL Sesam
- 50 g gemahlene Mandeln
- 100 g Haferflocken
- 2 EL Butter
- 150 g flüssiger Honig
- 1 TL Orangensaft

Die Zubereitung:

1. Die Mango in mundgerechte Würfel schneiden.
2. Eine Pfanne ohne Öl erhitzen. Die gehackten Mandeln und den Sesam darin hellbraun anrösten.
3. Mango Stücke, gehackten und gemahlenen Mandeln, Sesam und Haferflocken in eine Schüssel geben und gut miteinander vermengen.
4. Butter in einer Pfanne erhitzen. Honig und Orangensaft darin unter Rühren aufkochen. Für zwei Minuten bei leichter Hitze kochen lassen. Dabei immer wieder umrühren. Die Flüssigkeit zu der Mango-Mandel-Mischung geben und sehr gut verrühren.
5. Ein Backblech mit Backpapier auslegen. Die Masse gleichmäßig darauf verteilen und für 20 Minuten in den Kühlschrank geben. Die Masse danach in Würfel schneiden und über Nacht trocknen lassen.

Müsliriegel

Dauer: 45 Minuten (25 Minuten Backzeit)
Portionen: 16 Stück

Die Zutaten:

- 60 g Kokosöl
- 70 g Cranberries
- 155 g Haferflocken
- 4 EL Dinkelvollkornmehl
- Eine Prise Salz
- 5 EL Kokosraspel
- 2 EL Kürbiskerne
- ½ TL Vanille gemahlen
- 2 reife Bananen
- 60 ml Haferdrink

Die Zubereitung:

1. Den Backofen auf 175°C (Ober-/Unterhitze) vorheizen.
2. Ein Backblech mit Backpapier auslegen.
3. Das Kokosöl in einen Topf geben und erwärmen, so dass es flüssig wird.
4. Die Cranberries grob zerkleinern und in eine Schüssel geben.
5. Haferflocken, Mehl, Salz, Kokosrapseln, Kürbiskerne und gemahlene Vanille dazugeben und alle Zutaten gut miteinander vermischen.
6. Die Bananen schälen, in Stücke schneiden und mit einer Gabel zerdrücken, so dass Bananenmus entsteht.
7. Den Haferdrink zu den Bananen geben und miteinander vermischen.

8. Dann das flüssige Kokosöl und die Haferflocken-Mehlmischung dazugeben und alles mit einem Handrührgerät zu einem Teig verarbeiten.

9. Den Teig ca. 5 bis 7 mm dick auf dem Backpapier verteilen und glatt streichen. Das Backblech für ca. 25 Minuten in den Backofen geben.

10. Das Backblech nach dem Backen aus dem Ofen nehmen und leicht abkühlen lassen. Die noch lauwarme Müsli-riegelmasse in die gewünschte Form schneiden und vollständig abkühlen lassen.

Obst-Eis

Dauer: 15 Minuten Zubereitung (5 Stunden Kühlzeit)
Portionen: Für 4 Personen

Die Zutaten:

- 750 g Obst nach Wahl
- 300 g Naturjoghurt
- 300 ml Sahne

Die Zubereitung:

1. Das Obst waschen oder schälen und in kleine Stücke schneiden. 600 g Obst pürieren. 150 g Obst zur Seite stellen.
2. Das pürierte Obst zusammen mit dem Joghurt in einer Schüssel geben und vermischen.
3. Die Sahne in eine separate Schüssel geben und steif schlagen.
4. Die geschlagene Sahne und das restliche Obst vorsichtig unter die Joghurtmasse heben.
5. Die Masse in einen Gefrierbehälter geben und für mindestens 5 Stunden im Eisfach fest werden lassen.

Schokoladen-Eis

Dauer: 20 Minuten Zubereitung (5 Stunden Kühlzeit)
Portionen: Für 4 Personen

Die Zutaten:

- 400 ml Milch
- 400 g Schokolade ohne Zucker (gibt es vorwiegend in Reformhäusern, Bioläden oder im Internet zu kaufen)
- Mark 1 Vanilleschote
- 400 g Sahne

Die Zubereitung:

1. Die Milch in einen Topf geben und vorsichtig bei niedriger Temperatur erwärmen.
2. Die Schokolade in kleine Stücke hacken, zur Milch geben und rühren, bis sich die Schokolade vollständig aufgelöst hat. Den Topf vom Herd nehmen und die Masse abkühlen lassen.
3. Die Vanilleschote aufschneiden, das Mark herauskratzen und zu der Schokoladenmilch hinzugeben und verrühren.
4. Die Sahne in eine separate Schüssel füllen und steif schlagen.
5. Die kalte Schokoladenmilch kurz durchrühren und dann die Sahne vorsichtig darin unterheben.
6. Die homogene Eismasse in Eisförmchen geben und für mindestens 5 Stunden in das Eisfach geben.
7. Vor dem Verzehr kurz antauen lassen und dann das Schokoladen-Eis genießen.

GEBÄCK

Fluffige Haferflocken Kekse

Dauer: 60 Minuten (Backzeit 20 Minuten)
Portionen: Für 40 Stück

Die Zutaten:

- 2 Eier
- 1 Banane
- 2 Äpfel
- 1 TL Backpulver
- 1 TL Zimt
- 1 TL flüssiger Honig
- 1 Prise gemahlene Vanille
- 90 g Haferflocken

Die Zubereitung:

1. Den Ofen auf 180 Grad vorheizen und ein Backblech mit Backpapier auslegen.
2. Die Eier aufschlagen und trennen. Die Eiweiße in eine Schüssel geben und zu Eischnee verarbeiten.
3. Die Eigelbe in eine andere Schüssel geben und cremig aufschlagen.
4. Die Banane schälen, klein schneiden und in einer Schüssel matschig zerdrücken.
5. Die Äpfel vierteln, schälen, entkernen und zu den Bananen in die Schüssel raspeln.
6. Backpulver, Zimt, Honig und gemahlene Vanille miteinander vermischen und zu der Eigelbmasse geben.
7. Die Haferflocken zur Eigelbmasse dazugeben und alles gut miteinander vermischen.

165

8. Den Eischnee untermengen und alles zu einer homogenen Masse verarbeiten.

9. Mit zwei Teelöffeln kleine Klekse auf das Backblech setzen und für 20 Minuten in den Ofen geben. Daraufhin abkühlen lassen.

Kokos Bananen Kekse

Dauer: 20 Minuten (Backzeit 15 Minuten)
Portionen: Für 20 Stück

Die Zutaten:

- 2 Bananen
- 140 g Kokosflocken

Die Zubereitung:

1. Den Ofen auf 170 Grad vorheizen und ein Backblech mit Backpapier auslegen.
2. Die Bananen schälen, klein schneiden und in einer Schüssel matschig zerdrücken.
3. Die Kokosflocken zu den zerdrückten Bananen dazugeben und alles gut vermischen bis eine glatte Masse entstanden ist.
4. Die Hände leicht anfeuchten und aus der Masse kleine Kugeln formen. Die Kugeln auf dem Backblech verteilen und leicht eindrücken. Die Kekse dann für 15 Minuten in den Ofen geben und daraufhin abkühlen lassen.

Nussige Haferflocken Kekse

Dauer: 60 Minuten (Backzeit 20 Minuten)
Portionen: Für 30 Stück

Die Zutaten:

- 120 g Haselnüsse
- 1 Vanilleschote
- 100 g weiche Butter
- 2 Eier
- 2 Tassen Vollkornweizenmehl
- 1 Prise Salz
- 1 Prise Zimt
- 1 TL Backpulver
- 1 TL Natron
- 60 g flüssiger Honig
- 2 EL Melasse
- 3 Tassen Haferflocken
- 1 Tasse Rosinen

Die Zubereitung:

1. Den Ofen auf 170 Grad vorheizen und ein Backblech mit Backpapier auslegen.
2. Die Haselnüsse in einen Mixer geben und sehr fein zermahlen.
3. Die Vanilleschote längs halbieren und das Mark herauskratzen.
4. Die Butter über einem Wasserbad zum Schmelzen bringen und beiseitestellen.

5. Die Eier in eine Schüssel geben und cremig aufschlagen. Nun nach und nach die Butter hinzufügen und alles gut miteinander verquirlen.
6. Zum Schluss alle anderen Zutaten hinzufügen und alles zu einer homogenen Masse verarbeiten.
7. Eine Arbeitsfläche mit etwas Mehl bestäuben und den Teig darauf mit den Händen gut durchkneten.
8. Die Hände leicht anfeuchten und aus der Masse kleine Kekse formen. Die Kekse auf dem Backblech verteilen und für 20 Minuten in den Ofen geben. Daraufhin abkühlen lassen.

Vollkorn-Bananen-Kekse

Dauer: 30 Minuten (Backzeit 20 Minuten)
Portionen: Für 20 Stück

Die Zutaten:

- 3 Eier
- 1 TL Backpulver
- 1 Banane
- 50 g Mandeln
- 400 g Vollkorn Haferflocken

Die Zubereitung:

1. Den Ofen auf 180 Grad vorheizen und ein Backblech mit Backpapier auslegen.
2. Die Eier aufschlagen und trennen. Die Eiweiße in eine Schüssel geben und zu Eischnee verarbeiten.
3. Die Banane schälen, klein schneiden und in einer anderen Schüssel mit einer Gabel matschig zerdrücken. Die Eigelbe hinzufügen und gut miteinander verquirlen.
4. Die Mandeln in einen Mixer geben und sehr fein zermahlen.
5. Mandeln und Haferflocken zur Eigelbmasse geben und gut miteinander vermischen.
6. Zum Schluss den Eischnee untermengen und alles zu einer homogenen Masse verarbeiten.
7. Die Hände leicht anfeuchten und aus der Masse kleine Kekse formen und diese auf dem Backblech verteilen. Die Kekse für 20 Minuten in den Ofen geben und daraufhin abkühlen lassen.

Walnuss-Haferflockentaler

Dauer: 25 Minuten (Backzeit 10 Minuten)
Portionen: Für 20 Stück

Dic Zutatcn:

- 1 Tasse Walnusskerne
- 1 Vanilleschote
- 1 Tasse Datteln
- 3 Bananen
- 2 Tassen Haferflocken
- 1 Prise Salz
- 40 ml Rapsöl

Die Zubereitung:

1. Den Ofen auf 180 Grad vorheizen und ein Backblech mit Backpapier auslegen.
2. Die Walnusskerne in einen Mixer geben und sehr fein zermahlen.
3. Die Vanilleschote längs halbieren und das Mark herauskratzen.
4. Die Datteln längs halbieren und grob hacken.
5. Die Bananen schälen, in Stücke schneiden und in einer Schüssel mit einer Gabel matschig zerdrücken.
6. Jetzt die gemahlenen Walnusskerne, das Vanillemark und die Datteln zu den Bananen geben und gut miteinander vermengen.
7. Zum Schluss das Öl unterrühren und alles zu einer homogenen Masse verarbeiten. Falls der Teig noch zu hart sein sollte, können zwei Esslöffel Wasser hinzugefügt werden.

8. Eine Arbeitsfläche mit etwas Mehl bestäuben und den Teig darauf gut durchkneten. Anschließend die Hände leicht anfeuchten und aus der Masse kleine Kekse formen und diese auf dem Backblech platzieren. Die Kekse für zehn Minuten im Ofen backen und daraufhin abkühlen lassen.

Zimtsterne ohne Zucker

Dauer: 100 Minuten (verschiedene Ruhezeiten, Backzeit 15 Minuten)
Portionen: Für 30 Stück

Die Zutaten:
- 125 g Mandeln, ganz
- 180 g Datteln
- 1 Ei
- 125 Mandeln, gemahlen
- 20 g Haselnüsse, gemahlen
- 1 TL Zimt
- 2 Tropfen Zitronenaroma

Für die Glasur:
- 1 Eiweiß
- 2 TL Speisestärke
- 2 Tropfen Zitronenaroma

Die Zubereitung:
1. Die Mandeln für 15 Minuten in einen Topf geben und aufkochen lassen. Die Mandeln dann für 45 Minuten ruhen lassen und zum Schluss mit kaltem Wasser abwaschen.
2. Die Mandeln mit den Datteln und dem Ei in einem Mixer geben und zu einer homogenen Masse verarbeiten.
3. Nun alle weiteren Zutaten in die Schüssel geben und zu einer homogenen Masse verarbeiten. Den Teig in Frisch-haltefolie wickeln und für 30 Minuten im Kühlschrank lagern.

4. In der Zwischenzeit den Ofen auf 150 Grad vorheizen und ein Backblech mit Backpapier auslegen.
5. Eine Arbeitsfläche mit etwas Mehl bestäuben und den Teig darauf dünn ausrollen. Eine Keksform auswählen, die Kekse ausstechen und auf dem Backblech platzieren.
6. Zum Schluss das Eiweiß mit der Stärke und zwei Tropfen Zitronenaroma zu Eischnee verarbeiten und auf die Kekse streichen. Die Kekse für 15 Minuten in den Ofen geben und daraufhin abkühlen lassen.

Schlusswort

Mein großer Wunsch ist es, mit diesem Buch anderen Familien den Einstieg in ein Leben mit weniger Zucker zu erleichtern. Die Vielfalt unserer natürlichen Lebensmittel ist so groß, doch leider nutzen wir sie aufgrund unseres oftmals hektischen Alltags zu wenig.

Gerade in Familien ergeben sich durch das gemeinsame Kochen viele schöne Stunden, gerade dann, wenn sonst jeder seine Wege geht. Nutzen Sie die Zeit mit Ihren Lieben zur Zubereitung leckerer Speisen. Der Spruch ‚Die Liebe geht durch den Magen' gilt auch für die Liebe innerhalb einer Familie.

Binden Sie Ihre Kinder so oft es geht mit in das Kochen ein. Zeigen Sie Ihnen, dass es Spaß macht, gemeinsam zu Kochen und im Anschluss auch gemeinsam zu essen. Trauen Sie Ihren Kindern das Schneiden von Gemüse ruhig zu. Auch kleinere Kinder können ihren Beitrag leisten, wenn sie von uns Erwachsenen dabei begleitet werden.

Mir ist wichtig, dass meine Kinder schon frühzeitig lernen, beim Kochen zu helfen. Sie erkennen damit einerseits die Arbeit an, die mit dem Kochen verbunden ist, und erlernen hierbei auch wichtige Fähigkeiten, die Ihnen später, wenn sie einmal alleine leben, von großem Nutzen sein werden.

Zur gemeinsamen Zubereitung von Speisen mit kleinen Kindern kann ich Ihnen auch mein Buch ‚ENERGIE PRALINEN' empfehlen. Diese kleinen Kugeln sind gesunde und leckere Naschereien und eignen sich für Erwachsene und Kinder gleichermaßen. Die Kugeln lassen sich mit Kindern hervorragend herstellen. Zum einen ist die dafür erforderliche Zeit sehr gering, so dass die Kinder schnell einen Erfolg sehen. Außerdem können sie zwischendurch oder am Ende der Arbeit auch mal naschen und sich so für ihre Mithilfe direkt belohnen. Das Buch finden Sie unter diesem Link [1].

Ich hoffe, dass auch Sie einen großen Nutzen aus diesem Buch für sich und Ihre Familie ziehen konnten. Das ist mein größtes Anliegen!

Alles Gute,
Ihre Nele Himmthal

---

[1] Affiliatelink/Werbelink – Es handelt sich hierbei um einen sog. Affiliate-Link. Wenn Sie auf diesen Link klicken und darüber einkaufen, bekommt der Autor von dem betreffenden Online-Shop oder Anbieter eine Provision. Für Sie als Käufer verändert sich der Preis nicht.

Haftungsausschluss

„Die Verwendung der Informationen in diesem Buch und die Umsetzung derselben erfolgt ausdrücklich auf eigenes Risiko. Der Autor kann für etwaige Unfälle und Schäden jeder Art, die sich bei der Zubereitung der Speisen ergeben, aus keinerlei Rechtsgrund die Haftung übernehmen. Haftungsansprüche gegen den Autor für Schäden jeglicher Art, die durch die Nutzung der Informationen in diesem Buch bzw. durch die Nutzung fehlerhafter und/oder unvollständiger Informationen verursacht wurden, sind ausgeschlossen. Folglich sind auch Rechts- und Schadenersatzansprüche ausgeschlossen. Der Inhalt dieses Werkes wurde mit größter Sorgfalt erstellt und überprüft. Der Autor übernimmt keine Gewähr und Haftung für die Aktualität, Korrektheit, Vollständigkeit und Qualität der bereitgestellten Informationen. Druckfehler können nicht vollständig ausgeschlossen werden. Weiterhin beruht der Inhalt dieses Werkes auf persönlichen Erfahrungen und Meinungen des Autors. Der Inhalt darf nicht mit medizinischer Hilfe verwechselt werden."

Haftung für externe Links

Das Buch enthält Links zu externen Webseiten Dritter, auf deren Inhalt der Autor keinen Einfluss hat. Deshalb kann für die Inhalte externer Inhalte keine Gewähr übernommen werden. Für die Inhalte der verlinkten Webseiten ist der jeweilige Anbieter oder Betreiber der Webseite verantwortlich. Die verlinkten Seiten wurden zum Zeitpunkt der Verlinkung auf mögliche Rechtsverstöße überprüft. Rechtswidrige Inhalte waren zum Zeitpunkt der Verlinkung nicht erkennbar. Eine permanente inhaltliche Kontrolle der verlinkten Webseiten ist jedoch ohne konkrete Anhaltspunkte einer Rechtsverletzung nicht zumutbar. Bei Bekanntwerden von Rechtsverletzungen werden derartige Links umgehend entfernt.

Impressum

40557951R00106

Printed in Poland
by Amazon Fulfillment
Poland Sp. z o.o., Wrocław